Introduzione

Non è semplice scrivere un libro sull'Aermacchi MB-339. Innanzitutto perché è disponibile una vasta bibliografia, visto che l'aereo è in servizio da quasi 40 anni, e poi perché si rischia continuamente di paragonarlo al suo illustre predecessore, l'MB-326, paragone piuttosto inappropriato visto che i due aerei sono solo vagamente parenti. Nonostante ciò, il "Macchino" o "TrentaNove", come viene comunemente chiamato, grazie a varie versioni, continui aggiornamenti e nuovi ruoli conserva gran parte del suo fascino.

L'MB-339 è un Addestratore Avanzato progettato per portare gli Allievi Piloti dalla selezione basica alle macchine operative. Realizzato su specifiche dell'Aeronautica Militare italiana l'MB-339 è in servizio con dieci Forze Aeree.

L'MB-339 è il risultato di una formula addestrativa innovativa rispetto all'MB-326, unendo i pregi di quest'ultimo ad un cockpit con visibilità ed ergonomia radicalmente migliorata, avionica avanzata, motore con spinta superiore del 35%, comandi di volo migliorati, impianti più moderni ed un carico bellico notevolmente superiore in quantità e qualità. Tutto ciò ne ha fatto uno splendido Addestratore Basico, un efficiente Addestratore Avanzato ed un apprezzato assetto CAS (Close Air Support) e SMI (Slow Movers Interceptor), oltre che l'ambasciatore italiano d'eccellenza nelle mani dei piloti delle Frecce Tricolori.

L'MB-339 è anche uno dei pochi Addestratori ad essere "Combat proven". Degno di nota è infatti l'impiego degli MB-339A argentini durante la guerra delle Falklands/Malvinas nel 1982 e degli MB-339CE eritrei nella guerra contro l'Etiopia nel 1998-2000. I 235 MB-339 costruiti hanno accumulato più di 600.000 ore di volo, a testimonianza degli alti livelli di affidabilità e regolarità delle operazioni che l'aereo consente.

Writing a book about Aermacchi MB-339 is not so easy. Basically because in-depth publications are widely available, considering the airplane has been flying since almost 40 years, and then because most people compare it to the distinguished forefather, Aermacchi MB-326, comparison rather inappropriate since the two planes are only loosely similar. Nevertheless the "Macchino" or "TrentaNove", as it is generally called, thanks to many versions, continuous updates and new roles retains much of its charm.

The MB-339 is an Advanced Trainer designed to drive the student pilots trough basic selection to operational aircraft. Built on Aeronautica Militare (Italian Air Force) specifications, it's in service with ten Air Forces. The plane is the outcome of a innovative training formula compared to MB-326, merging the qualities of the latter with high-visibility and improved ergonomics cockpit, advanced avionics, 35% more powerful engine, better flight controls, most modern systems and weapon load greater in quantity and quality. All of this contributed to get a brilliant Basic Trainer, an efficient Advanced Trainer and an appreciated CAS (Close Air Support) and SMI (Slow Movers Interceptor) asset, in addition to the well known Italian ambassador role in the expert hands of the Frecce Tricolori acrobatic team pilots.

The plane is also one of the few combat-proven Trainer in the world. Remarkable was the role of the Argentine MB-339As during the Falklands/Malvinas War of 1982 and Eritrean MB-339CE in the war against Ethiopia in 1998-2000. The 235 MB-339 built logged more than 600,000 flight hours, attesting the high level of reliability and availability the aircraft allows.

Il simulacro dell'Aermacchi MB-339 a Venegono, nel gennaio 1975. L'intera sezione di coda è ancora quella dell'MB-326. (archivio F. Anselmino)
Aermacchi MB-339 mock up at Venegono plant, in January 1975. MB-326 tail section is still evident. (archive F. Anselmino)

Le origini e lo sviluppo

Nel 1972 il Ministero della Difesa emise una specifica per un nuovo Addestratore a getto, in grado di sostituire gli anziani MB-326 e G.91T. La Fiat rispose con un aggiornamento del G.91, soprattutto avionico, che però non si discostava molto dalla formula base e fu quindi rapidamente scartato.

L'Aermacchi (dal 2003 AleniaAermacchi) di Venegono Superiore (VA), nella persona dell'Ing. Ermanno Bazzocchi e forte dell'esperienza acquisita nel campo degli addestratori, propose una comparazione tra sei differenti progetti con formule aerodinamiche e propulsive differenti, che presero il nome di MB-338 (M = Macchi, B = Bazzocchi, più il numero progressivo del progetto) a cui si aggiungeva la lettera che identificava il tipo di motore installato, ed una radicale trasformazione dell'MB-326K, versione monoposto da Attacco al Suolo del noto addestratore, che prese il nome di MB-339V, dal nome del motore Rolls Royce Viper 632-43 da 1.816 kg (4,000 lbs) di spinta, mantenendo invece inalterata l'ala rettangolare con prese d'aria alla radice, serbatoi d'estremità e sei punti d'attacco subalari, resi possibili dall'irrobustimento strutturale rispetto all'ala di serie dell'MB-326. Le versioni dell'MB-338 proposte differivano anche notevolmente per pesi, prestazioni, autonomia e manovrabilità, ma avevano tutte la configurazione biposto in tandem, con i sedili scalati in altezza, ala alta e moderata freccia.

Origin and development

In 1972 Italian Ministry of Defense issued a request of proposal for a new jet trainer, to replace the aging of Aermacchi MB-326 and Fiat G.91T. Fiat replied with an update of the G.91, primarily on avionics, but it didn't turn away too much from the basic formula and so it was quickly rejected.

The Aermacchi aircraft company (from 2003 AleniaAermacchi) design office, well experienced in jet trainers, led by Eng. Ermanno Bazzocchi, proposed a comparison among six new different projects with various aerodynamic and engine configurations named MB-338 (M = Macchi, B = Bazzocchi) plus the letter indicating exactly the type of engine installed, and a radical transformation of the MB-326K, single-seat ground-attack version of the MB-326 basic trainer, named MB-339V after the 1.816 kg (4,000 lbs) thrust Rolls Royce Viper 632-43 turbojet, while maintaining unchanged the straight low wing with root air intakes, tip fuel tanks and six underwing hardpoints, made possible by the strengthened wing of the MB-326K.

Proposed MB-338 versions diverged widely for weight, performance, endurance and maneuverability, but they all had the same tandem-seat configuration with staggered seats, high wing and moderate swept.

Venegono, 12 agosto 1976. Il Collaudatore Franco Bonazzi stacca da terra il primo prototipo dell'MB-339, I-NOVE MM588, per il volo inaugurale. (archivio Aermacchi)

Venegono, August 12th, 1976. Test Pilot Franco Bonazzi gets airborne first MB-339 prototype, I-NOVE MM588, for its maiden flight. (archive Aermacchi)

I Collaudatori del Reparto Sperimentale Volo dell'Aeronautica Militare affiancarono i piloti Aermacchi nella fase di certificazione sin dai primi voli. Nella foto il T.Col. Evangelisti in volo sulle Alpi. (archivio Aermacchi)

Italian Air Force test pilots were involved in the certification trials since first flights. In the picture Lt.Col. Evangelisti over the Alps (archive Aermacchi)

L'ing. Ermanno Bazzocchi, il progettista dell'MB-339, era solito seguire e mettere a punto personalmente i prototipi impegnati nelle prove di volo. Nella foto con l'I-NOVE nel 1977. (archivio Aermacchi)

Eng. Ermanno Bazzocchi, the MB-339 designer, was used to personally follow and tune the prototypes involved in the flight tests. In the picture with I-NOVE in 1977 (archive Aermacchi)

- MB-338V con turbogetto Rolls Royce Viper 632-43 (motore dell'MB-326K);
- MB-338F con turbofan Rolls Royce Viper Fan (versione turboventola a due alberi del Viper);
- MB-338R con turbofan Rolls Royce RB401 (lo sviluppo di questo motore fu in seguito interrotto);
- MB-338G con turbofan Garrett TFE731 (motore del CASA C-101);
- MB-338A con turbofan Rolls Royce Turbomeca Adour (motore del BAe Hawk);
- MB-338BL con due turbofan SNECMA Turbomeca Larzac (motore del Dassault/Dornier Alpha Jet).
Oltre alla "serie 338" Bazzocchi e il suo staff prepararono altri due progetti "serie 339", l'MB-339V e l'MB-339L. Gli elementi presi in considerazione furono molti e non soltanto tecnici. In sintesi si può affermare che vennero

- *MB-338V with Rolls Royce Viper 632-43 turbojet (MB-326K engine);*
- *MB-338F with Rolls Royce Viper Fan (two-shaft turbofan version of Viper engine);*
- *MB-338R with Rolls Royce RB401 turbofan (engine development was later interrupted);*
- *MB-338G with Garrett TFE731 turbofan (CASA C-101 engine);*
- *MB-338A with Rolls Royce Turbomeca Adour (BAe Hawk engine);*
- *MB-338BL with two SNECMA Turbomeca Larzac turbofans (Dassault/Dornier Alpha Jet engine).*
In addition to the "338 series", Bazzocchi and his staff proposed two "339 series" concepts, MB-339V and MB-339L. Many were the factors taken into account and not just technical. Potential of every

L'elegante livrea scelta dall'Aermacchi per i primi due prototipi dell'MB-339. Nella foto l'I-NOVE a Venegono nel settembre 1977. (archivio F. Anselmino)

The elegant livery chosen by Aermacchi for first two prototypes. In the picture I-NOVE at Venegono on September 1977. (archive F. Anselmino)

Il 20 maggio 1977 compì il primo volo il secondo prototipo, I-NINE MM589, ai comandi del Collaudatore Riccardo Durione. L'aereo era già rappresentativo della configurazione definitiva. (archivio Aermacchi)

On May 20th, 1977 Test Pilot Riccardo Durione got airborne second prototype for its maiden flight, I-NINE MM589. The airplane was already representative of the final configuration. (archive Aermacchi)

esaminate le potenzialità di tutti progetti soprattutto in ottica di prestazioni, costi e rischio industriale inferiore, senza dimenticare una più immediata disponibilità del velivolo. La soluzione prescelta fu quella prospettata dall'Ing. Bazzocchi, cioè l'MB.339V; in pratica un derivato del MB-326K accoppiato ad una cellula ridisegnata ed irrobustita capace di garantire una vita utile di 20 anni o 10.000 ore di volo, virtualmente illimitata. Il progetto definitivo, denominato ufficialmente MB-339A nel 1975, di costruzione interamente metallica, aveva come principale caratteristica identificativa la totale riprogettazione della parte anteriore di fusoliera per innalzare il sedile dell'istruttore e migliorarne così la visibilità.

Sfortunatamente per l'Aermacchi, proprio i due motori "Larzac" e "Adour", dalle superiori prestazioni rispetto al Viper, finiranno per orientare la scelta di molti possibili clienti verso l'Hawk o l'Alpha Jet, nonostante l'MB-339 si dimostrerà un aereo economico, affidabile e di semplice impiego e manutenzione.

Il prototipo, immatricolato I-NOVE, fu portato in volo per la prima volta il 12 agosto 1976, ai comandi del Collaudatore Franco Bonazzi, mentre il secondo prototipo, matricola I-NINE, volò il 20 maggio 1977 con alcune modifiche minori tra cui la realizzazione di una presa d'a-

projects were discussed especially about performance, cost and lower industrial risk, not to mention a more immediate availability of the aircraft. The solution chosen was the one suggested by Eng. Bazzocchi, the MB-339V, basically a MB-326K derivative coupled with a redesigned and strengthened airframe able to guarantee 20 years life-cycle or 10,000 flight hours, virtually unlimited. Final project, officially named MB-339A in 1975, totally metal-built, had the main identifying characteristic in the total rebuild of the front fuselage to raise the instructor seat and thereby improve his visibility. Unfortunately for Aermacchi, precisely the Larzac and Adour engines, with better performance compared to Viper, will drive many customers to buy the British Hawk or the French/German Alpha Jet, despite MB-339 will prove to be cheaper, more reliable and easier to use and maintain.

ria NACA per l'impianto di condizionamento e pressurizzazione sul lato destro anteriore di fusoliera. Fu costruita una cellula destinata alle prove statiche e di fatica, mentre il quarto velivolo prodotto, I-NEUF, volò per la prima volta il 20 luglio 1978 e venne utilizzato per un breve periodo come dimostratore dell'MB-339A, diventando in seguito il primo aereo di serie per l'Aeronautica Militare con MM54401 poi ricodificata in MM54438.
A dimostrazione dell'affidabilità del velivolo, l'Aermacchi presentò ufficialmente il prototipo al salone internazionale di Farnborough appena un mese dopo il primo volo, suscitando grande interesse.
L'Aermacchi MB-339A è stato concepito come un sistema addestrativo completo, in grado cioè di ricevere un pilota con limitata esperienza proveniente dall'Addestratore Basico ad elica, accompagnarlo attraverso prestazioni sempre più elevate con gradualità, fornirgli le competenze essenziali attraverso le più disparate forme di volo, comprese quelle avanzate tipicamente militari, per consegnarlo infine in piena sicurezza alla transizione sull'aereo operativo. Il tutto grazie ad un comportamento sempre trasparente, ampio inviluppo di velocità e manovrabilità, immediata risposta ai comandi, utilizzo del motore senza limitazioni, capacità acrobatiche complete, stabilità come piattaforma di tiro e ricca dotazione avionica.
La dimensione della flotta, l'organizzazione logistica, i costi di acquisizione e gestione rendono il sistema addestrativo "a due aerei" (elica + MB-339) più costo/efficace di qualunque altro schema istruzionale.

The first prototype, registered I-NOVE, carried out its maiden flight on August 12th, 1976, with Test Pilot Franco Bonazzi, while the second one, carrying civilian markings I-NINE, flew on May 20th, 1977, with some minor changes including a NACA air scoop for air conditioning and pressurization system on the front right side of the fuselage. A third airframe was assigned to static and fatigue tests, while the fourth airplane, I-NEUF, made its first flight on July 20th, 1978 and was used for a brief period as demonstrator of MB-339A model, becoming afterwards the first series aircraft for the Aeronautica Militare with serial MM54401, later recoded MM54438. To prove its reliability, Aermacchi officially presented the prototype at Farnborough international air show just one month after the first flight, raising great interest worldwide.

Aermacchi MB-339 has been designed as a full training system, able to receive a limited experience pilot coming from the propeller basic trainer, bring him step-by-step through increasingly higher performance, providing the essential skills and experiencing the most wide range of flights comprising those advanced peculiar of the operational Squadrons, to finally hand him over to the front line aircraft conversion course.

Everything thanks to an always transparent behavior, wide speed range, high maneuverability, fast response flight controls, carefree engine use, full acrobatic capabilities, fire platform stability and rich avionics equipment.

Il secondo prototipo I-NINE a Venegono nel 1979 insieme ai primi cinque MB-339A di pre-serie utilizzati dal Reparto Sperimentale Volo per le prove intensive. (archivio Aermacchi)

Second prototype I-NINE at Venegono in 1979 together with first five pre-series MB-339A used by Flight Test Squadron for extensive trials. (archive Aermacchi)

La configurazione dell'MB-339A è quella tipica del biposto in tandem, monomotore dotato di un turbogetto puro Rolls Royce Viper 632-43 da 1.816 kg (4,000 lbs) di spinta statica nominale a quota 0 in aria tipo, uno dei motori più affidabili della sua classe con un eccezionale record di sicurezza. In una missione tipica di addestramento, il consumo di carburante è solo di poco superiore a quello di un turbofan dalle prestazioni simili, ma presenta alcuni innegabili vantaggi quali robustezza, semplicità di funzionamento, temperature di esercizio inferiori per una lunga vita utile, TBO (Time Between Overhaul, ore di funzionamento prima di essere revisionato) di 1.200 ore senza necessità di ispezioni intermedie, risposta immediata in ogni condizione di volo, senza fenomeni di stallo, affidabilità eccezionale e ridotta necessità di manutenzione.

Durante il funzionamento, l'aria attraversa due prese situate alla radice dell'ala, per essere aspirata da un compressore assiale a 8 stadi, quindi entra in una camera di combustione anulare dove viene miscelata con il combustibile dando luogo alla combustione. I gas prodotti attraversano una turbina a 2 stadi, direttamente collegata al compressore, per poi espandersi nel tubo del getto. Aria in pressione e ad alta temperatura prelevata dal motore viene utilizzata per la pressurizzazione ed il condizionamento del cockpit, per il sistema antighiaccio interno alle prese d'aria del motore, per lo sbrinamento dei trasparenti, per il funzionamento delle tute anti-G e per pressurizzare l'impianto idraulico. E' importante sottolineare che l'avviamento a terra può essere effettuato solo dal posto anteriore poiché gli interruttori dell'Engine Master e dello Starter sono tra quei pochi controlli non duplicati nel posto posteriore, mentre non c'è limitazione alla riaccensione in volo visto che il pulsante Relight è posizionato su entrambe le manette.

Il progetto strutturale è basato sui dati di fatica raccolti durante un milione e mezzo di ore di volo accumulate da tutti gli operatori dell'MB-326. Questo ha permesso di dimensionare i componenti per ottenere facilità di costruzione e riparazione, massima accessibilità ad impianti ed equipaggiamenti, semplicità, robustezza ed un utilizzo senza fenomeni di corrosione anche in condizioni ambientali estreme.

Completamente in metallo, la cellula è composta da quattro sezioni unite tra loro tramite spinotti e bulloni:
- la fusoliera anteriore, dove è alloggiato il carrello anteriore, gli apparati elettronici, le batterie, il cockpit, il serbatoio carburante di fusoliera da 800 l, lo scambiatore di calore, l'aerofreno ventrale, le prese d'aria, l'alloggiamento per il motore con le relative scatole ingranaggi, i generatori elettrici ed idraulici;
- la fusoliera posteriore, che contiene alcuni accessori del motore ed il tubo del getto;
- i piani di coda, composti da stabilizzatore/equilibratore di superficie simili a quelli dell'MB-326 (ma di disegno diverso) e deriva/timone, di dimensione maggiorata ri-

Fleet dimension, logistics organization, acquisition costs and management make the "two-planes" training system (propeller trainer + MB-339) the most cost/effective than any other training program.

The MB-339 general arrangement is the standard single-engine two-seat configuration, powered by 1.816 kg (4,000 lbs) static thrust at sea level Rolls Royce Viper 632-43 turbojet, one of the most reliable engine of its class with an outstanding safety record.

In a typical training mission fuel consumption is only little bit higher of a similar performance turbofan, but it shows some undeniable advantages such as sturdiness, easiness of operation, lower operating temperatures for a longer life, TBO (Time Between Overhaul) of 1,200 hrs without any intermediate maintenance, prompt response in any flight condition, without stall phenomena, exceptional reliability and reduced maintenance requirements.

On operation, air passes through two intakes at the wing root to be progressively compressed by an 8-stage compressor, then mixes with the sprayed fuel into an annular combustion chamber and ignited, generating the combustion. The produced gases pass through a 2-stage turbine, mechanically linked to the compressor, to expand into the jet pipe. High pressure hot air taken from the engine is used for cockpit air conditioning and pressurization, for air duct anti-ice system, for windshield defogging, for anti-G suits operations and to pressurize hydraulic system.

It's important underline that engine ground start can be performed only from the front seat because Engine Master and Starter are among those few controls not duplicated in the rear seat. Differently there isn't any limitation to the in-flight restart since the Relight button lies on both throttles.

The structural design was based on fatigue data recorded during one and a half million flying hours logged by all the MB-326's operators. This permitted to precisely draw the components to obtain ease of construction and repair, optimal accessibility to systems and equipments, simplicity, sturdiness and corrosion-free operations even in extreme environmental conditions.

All-metal built, the airframe is composed of four sections assembled each other by pins and bolts:
- Front fuselage subassembly, where the nose landing gear is housed as well as avionics, batteries, the cockpit itself, the 800 L main fuel tank, the air cycle machine, the ventral airbrake, the air intakes and the engine housing with related gear box, electrical and hydraulic generators;
- Rear fuselage subassembly, which hosts some engine components and the jet pipe;
- Empennages subassembly, composed of conventional stabilizer/elevator with similar area to those of MB-326 (but with different design) and fin/rudder greater than those of MB-326 to compensate the reduced

Il primo MB-339A di pre-serie MM54401 adottò temporaneamente l'immatricolazione I-NEUF per partecipare al Salone di Le Bourget del 1979. (archivio Aermacchi)

First pre-series MB-339A MM54401 temporary adopted the registration I-NEUF to participate at Le Bourget airshow in 1979. (archive Aermacchi)

Gli MB-339A di pre-serie furono trasferiti sull'aeroporto di Pratica di Mare nel 1979, dove adottarono i codici tipici del Reparto Sperimentale Volo. (archivio Aermacchi)

Pre-series MB-339A were transferred at Pratica di Mare airport in 1979, where they adopted Flight Test Squadron typical codes. (archive Aermacchi)

spetto all'MB-326 per compensare la riduzione di stabilità longitudinale dovuta all'allungamento del muso ed all'innalzamento del cockpit;
- le due semiali, le stesse dell'MB-326K, nelle quali è installato il carrello principale ed i serbatoi d'estremità alare dalla capacità singola di 320 l per quelli ellittici o 520 l per quelli cilindrici.
L'ala è costituita da un cassone orizzontale solidale alla fusoliera anteriore al quale sono fissate le due semiali mediante tre spinotti e due longheroni, uno principale (anteriore) ed uno ausiliario (posteriore).
La grande robustezza strutturale permette di sopportare accelerazioni positive di +8 G e negative di -4 G.
Flaps "a fessura" (Slotted Flaps) ed alettoni servocomandati idraulicamente (con backup meccanico) occupano tutto il bordo d'uscita. I flaps possono avere tre posizioni: Up (0°) in volo, Takeoff (28°) per il decollo e Land (64°) per l'atterraggio. Non ci sono slats sul bordo d'attacco. I comandi di volo, di tipo convenzionale ad aste e puntoni con alettoni servoassistiti e trim elettrici sui tre assi, uniti alla fine configurazione aerodinamica, assicurano qualità di volo fuori dal comune in tutto l'inviluppo di volo.
L'energia elettrica di bordo è fornita da due generatori a corrente continua 28 V da 9 e 6 kW azionati dal motore e da due batterie da 24 V. La corrente alternata a 115 V e a 26 V è fornita da due inverter da 600 VA. La corrente continua è distribuita ai vari impianti attraverso

longitudinal stability due to the longer nose and cockpit raising;
- Wing subassembly, the same wing of the MB-326K, where the main landing gear is installed, so as the two wing tip fuel tanks, each one of 320 liters (elliptical, the older type) or 520 liters (cylindrical, the newer type).
The two semi-wings are directly connected to a horizontal box by two spars, the forward one is called main and the rearward auxiliary.
The great strength obtained enables to reach +8 Gs positive acceleration and -4 Gs negative accelerations.
Slotted flaps and hydraulically-driven ailerons (with mechanical backup) occupy the whole trailing edge. Flaps can move in three positions: Up (0°), Takeoff (28°) and Landing (64°). There are no slats on leading edge. Traditional-type flight controls have electrical trims on three axis and combined with the successful aerodynamic configuration assure outstanding flight qualities throughout the entire flight envelope.
Two 28V / 9kW engine-driven generators and two 24V batteries provide DC electrical power, while two 600 VA static inverters produce 115/26V AC power. DC power is distributed via five busses: essential, primary, secondary, monitor and weapons. AC power has instead three busses: essential, primary and secondary.
Hydraulic system operates at a nominal pressure of

cinque barre: essenziale, primaria, secondaria, monitor e armamento. La corrente alternata su tre barre: essenziale, primaria e secondaria.

L'impianto idraulico funziona ad una pressione nominale di 176 bar (2,560 psi) ed è composto da un sistema principale ed uno d'emergenza che alimentano il carrello d'atterraggio, i freni, lo sterzo del ruotino, i flaps, l'aerofreno ventrale ed il servocomando degli alettoni. Il carrello è ad azionamento idraulico con retrazione verso l'esterno per le gambe principali ed in avanti per il ruotino. Il tempo di estensione/retrazione è di circa 5 sec. Un dispositivo caratteristico dell'MB-339 è il segnale di conferma di carrello abbassato. Se il carrello è regolarmente estratto e bloccato, un pulsante situato sulla manetta, se premuto, emette un segnale bitonale chiaramente udibile dalla stazione radio a terra a beneficio degli istruttori che seguono in frequenza gli allievi solisti (la cosiddetta "Biga"). Gli pneumatici sono a bassa pressione e l'impianto è dotato di freni ad alta efficacia, dispositivo Anti-Shimmy ed

176 bar (2,560 psi) and it is constituted by main and emergency systems. Both actuate landing gear, wheel brakes, nose wheel steering, flaps, airbrake and aileron servo. Main landing gear has outward-moving retraction, while the nose landing gear is forward-moving. Complete extension/retraction movement lasts about 5 seconds.

A typical MB-339 device is the landing gear down-and-locked radio signal. When all three landing gear legs are fully extended and locked in correct position a button on the throttle, if pressed, emits a characteristic two-tone sound on the radio frequency in use, permitting the instructors on the ground to verify the solo student pilot properly completed the checklist.

Low-pressure wheel tires, oleo-nitrogen shock-absorber and high-efficiency brakes are standard equipment of the landing gear. Wide excursion nose wheel steering with anti-shimmy device allows tight turns.

High-pressure single refueling point allows to

Il Reparto Sperimentale Volo ha da sempre in carico alcuni MB-339A per assolvere i compiti d'istituto. Nella foto lo RS-45 MM54442 il 1 luglio 1987. (archivio F. Anselmino)

Flight Test Squadron has always had some MB-339 to fulfill its own tasks. In the picture the RS-45 MM54442 on July 1st, 1987. (archive F. Anselmino)

Fino alla fine degli anni 80 era facile vedere contemporaneamente sulle linee di montaggio dell'Aermacchi i nuovi MB-339 ed i più anziani MB-326. (archivio Aermacchi)

Until late Eighties' was easy to see at the same time on Aermacchi assembly lines the brand new MB-339 and the older MB-326. (archive Aermacchi)

ammortizzatori ad olio e azoto. Il ruotino anteriore ha un'ampia escursione e permette raggi di sterzata ridotti.

Il rifornimento carburante è a punto singolo in pressione che consente di riempire automaticamente tutti i serbatoi (tranne quelli subalari che devono essere riempiti manualmente) con travaso automatico dai serbatoi d'estremità alare (Wing Tip Tanks) e subalari (Pylon Tanks) a quello centrale di fusoliera. Il sistema di Fuel Dump consente lo scarico rapido del carburante dalle Tip Tanks: per lo svuotamento completo occorrono circa 2 min per i serbatoi di forma ellittica da 250 kg (320 l) e 10 min per quelli cilindrici da 410 kg (520 l). L'impianto carburante può utilizzare indifferentemente il NATO F-34 (JP-8) e F-40 (JP-4).

Il disegno del cockpit è frutto di studi approfonditi per ottenere il miglior compromesso tra i diversi requisiti di missione. L'ergonomia è stata particolarmente curata e sui seggiolini eiettabili possono trovare posto piloti alti da 1,62 m a 1,90 m. I due posti di pilotaggio sono scalati in altezza di 312 mm, consentendo una visibilità eccellente da entrambi gli abitacoli, compreso verso il basso: 17° dal posto anteriore, 5° da quello posteriore. Il grande canopy incernierato a destra è provvisto di un pannello trasparente che separa i due abitacoli ed è bilanciato da un martinetto idraulico azionato manualmente. Il blindovetro anteriore è spesso 2 cm ed è certificato per resistere all'impatto di volatili di grosse dimensioni.

I due sedili eiettabili Martin Baker IT-10F con capacità zero-zero, leggermente differenti per alcuni dettagli, consentono l'eiezione attraverso il canopy grazie a due rostri montati sulla sommità dei poggiatesta che frantumano il plexiglass. In caso di soccorso a terra, la stessa azione è esercitata da un cordone esplosivo azionabile sia dall'esterno che, se necessario, indipendentemente da ciascuno dei due piloti.

Un dispositivo situato nell'abitacolo posteriore consente all'istruttore di comandare l'eiezione dell'allievo con un ritardo di 0,35 sec dopo la propria espulsione, nel caso quest'ultimo abbia perso conoscenza o non risponda all'ordine di eiezione. Per evitare collisioni tra i due piloti nel caso di un'eiezione contemporanea, il pacco razzi è orientato per ottenere due traiettorie divergenti: a sinistra per il sedile anteriore, verso destra per quello posteriore. L'accelerazione istantanea provocata dal cannone estrattore e dal pacco razzi è di 14 G e l'intera sequenza di eiezione si completa dopo 1,5 sec a circa 70 m dalla posizione iniziale con paracadute completamente dispiegato. Il sedile è in grado di garantire un'eiezione sicura anche in volo rovescio, purché ci sia una quota minima tra 200 e 500 ft (60 e 150 m) in funzione della velocità di volo. L'avionica a disposizione dipende dai requisiti del cliente: quella standard comprende Flight Director, VOR/ILS, TACAN, sistema di navigazione d'area RNAV, radio UHF e VHF, Transponder/IFF (Identification Friend or Foe). Le informazioni di assetto e di navigazione sono visualizzate su ADI (Attitude Direction Indicator) e HSI

automatically fill fuselage and wing tip tanks, on the contrary 330 l pylon tanks must be manually refueled. Both tanks automatically transfer fuel into the main fuselage tank, which feed the engine. A fuel dump system enables the emergency dumping of the wing tip tanks only: for complete emptying 2 minutes are needed for the 320 liters elliptical tanks, about 10 minutes for the 520 liters cylindrical ones. Engine can be feed either with NATO F-34 (JP-8) or F-40 (JP-4) fuel.

Cockpit design is the result of in-depth studies to obtain best compromise among different mission requirements. Ergonomics has been particularly accurate and the ejection seats can accommodate pilots from 1,62 to 1,90 m height. Back seat is 312 mm higher than the front one, enabling a stunning visibility for both pilots, including downward: 17° from the front seat, 5° from the rear one. Large right-hinged canopy is provided of a transparent panel between the two seats and it is balanced by a hand-operated hydraulic damper. Front windshield is 2 cm thick and is birdstrike-proof certified.

The two Martin Baker IT-10F zero-zero capable ejection seats, slightly different for few details, can bail out trough the canopy smashing the Plexiglas. In case of ground rescue the same action could be done acting on a detonating cord, which is operable either from outside or inside the cockpit.

A device in the back seat allows the instructor to eject the student pilot in the front seat with a 0.35 sec delay in case of loss of consciousness or not responding. To avoid collisions between the two seats during a simultaneous ejection the rockets pack is oriented to obtain two divergent paths: leftward for the front seat and rightward for the rear one. The instantaneous acceleration caused by the combined effects of the extractor cannon and rockets is 14 Gs and the entire sequence is completed after 1.5 sec, about 70 m from the initial position with parachute fully deployed. Ejection seat permits a safe escape even in inverted flight provided a minimum altitude between 200 and 500 ft (60 and 150 m) is assured, depending on airspeed.

Avionics system is customizable. The standard set includes Flight Director, VOR/ILS, TACAN, RNAV area navigation system, UHF and VHF radio, Transponder/IFF (Identification Friend or Foe). Attitude and navigation data are displayed on ADI (Attitude Direction Indicator) and HSI (Horizontal Situation Indicator), driven by two AHRS (Attitude Heading Reference System) gyroscopic units. Use of AOA (Angle Of Attack) indicator, not common on Basic Trainers, get used the student pilots with the front-line aircraft typical attitudes. The cadet can also be trained to point-to-point navigation using the area navigation system and introduced to operational profiles.

Il primo MB-339A di pre-serie MM54401 fece il volo inaugurale a Venegono il 20 luglio 1978. (archivio Aermacchi)

First pre-series MB-339A made its maiden flight at Venegono on July 20th, 1978. (archive Aermacchi)

(Horizontal Situation Indicator) alimentati da una duplice unità giroscopica AHRS (Attitude Heading Reference System). L'utilizzo dell'indicatore di angolo d'attacco (AOA), non comune sugli Addestratori Basici, abitua l'allievo agli assetti tipici degli aerei operativi. Grazie all'installazione di un sistema digitale di navigazione d'area, l'allievo può essere addestrato alla navigazione Point-to-Point ed introdotto ai profili di missione operativi che richiedono l'inserimento di dati di posizione.

I carichi possono essere distribuiti su sei punti d'attacco, tre per ala, con un carico massimo di 1.816 kg (4,000 lbs), suddivisi in 340 kg (750 lbs) per ogni pilone esterno (1 e 6) e 454 kg (1,000 lbs) per ognuno dei rimanenti (2, 3, 4, 5). I piloni 2 e 5 sono "bagnati", possono cioè trasportare serbatoi subalari da 260 kg (330 l).

Un quadretto con i comandi dell'armamento è installato

A fine anni 80 l'Aeronautica Militare adottò per gli MB-339A la livrea Standard NATO, compresi quelli utilizzati dal Reparto Sperimentale Volo. Nella foto lo RS-26 MM54468 a Forlì il 14 luglio 1990. (foto F. Anselmino)

In late Eighties' Italian Air Force adopted Standard NATO livery for the MB-339A, including those used by the Flight Test Squadron. In the picture RS-26 MM54468 at Forlì on July 14th, 1990. (photo F. Anselmino)

A total of six underwing hardpoints can accommodate a maximum load of 1,816 kg (4,000 lbs): 340 kg (750 lbs) on each outboard pylon (1 and 6) and 454 kg (1,000 lbs) on everyone of the remaining (2, 3, 4, 5). Pylons 2 and 5 are "wet", that means they can carry a 260 kg (330 L) fuel tank each.

The weapons control panel is installed in the front cockpit only, while in the back there is only a repeater. Both pilots have an Aeritalia Saab RGS 2 electro-optical gunsight, the front one also with a Teledyne TCS 116 video recorder. Similarly, the gun/cannon trigger and the

nell'abitacolo anteriore, mentre un semplice ripetitore è montato in quello posteriore. Entrambi i posti possono montare un collimatore giroscopico elettro-ottico Aeritalia Saab RGS 2, quello anteriore abbinato ad una cinemitragliatrice Teledyne TCS 116.

Il Trigger per mitragliatrici/cannoni ed il Release Button per gli armamenti di caduta sono solo nel cockpit anteriore, ma l'istruttore ha la facoltà di inibire lo sparo con un apposito interruttore sul pannello ripetitore. Entrambi i piloti dispongono invece del Salvo Jettison, cioè lo sgancio simultaneo ed in sicurezza di tutti i carichi appesi a travetti subalari (escluse quindi le mitragliatrici/cannoni, che sono imbullonati).

Per l'addestramento al tiro l'MB-339A può trasportare in pod subalari due cannoni DEFA 553 cal. 30 mm con 120 colpi per arma, oppure due mitragliatrici Browning M2 cal. 12,7 mm con 350 colpi per arma, più bombe Mk.76 e razzi da 50 mm nel dispenser Aerea BRD-4-250.

Le eccellenti qualità dimostrate nell'utilizzo di sistemi d'arma completi, le prestazioni, la manovrabilità ed il limitato supporto logistico necessario consentono l'impiego dell'MB-339A anche in ruoli operativi quali CAS (Close Air Support, supporto aereo ravvicinato), BAI (Battlefield Air Interdiction, interdizione aerea del campo di battaglia), COIN (COunter INsurgency, anti-guerriglia), ricognizione armata ed anti-elicottero.

In funzione del carico e del profilo di volo (LO-LO-LO, a bassissima quota, o HI-LO-HI, con il trasferimento ad alta quota), l'MB-339A armato ha un raggio d'azione variabile da 180 NM (335 km) a 320 NM (590 km).

Svariate combinazioni di carico sono state certificate per soddisfare le esigenze degli operatori quali bombe a caduta libera LDGP Mk.82 da 227 kg (500 lbs), bombe frenate Mk.82 Ballute da 227 kg (500 lbs), bombe antipista BAP 100, bombe a submunizioni (Cluster) Matra Beluga, lanciarazzi Area LR-25-0 o AL-25-50A cal. 70 mm (2.75"), lanciarazzi LAU-10A cal. 127 mm (5"), missili Aria-Aria R550 Magic o AIM-9 Sidewinder a guida infrarossa, in congiunzione o meno con Pod ECM, lanciatori di Chaff/Flare e pod fotografici.

La ridotta manutenzione e minimo supporto logistico, i veloci tempi di transito per rifornimento e riarmo e l'alta disponibilità della macchina rendono l'MB-339A ideale per operare da basi operative avanzate, anche semplici tratti autostradali. Le ridotte dimensioni, l'assenza di fumi di scarico, l'elevata manovrabilità e velocità, abbinate a difese passive quali Pod ECM e Chaff/Flare Dispenser, consentono all'MB-339 profili di volo estremamente bassi, sfruttando al meglio il terreno per sfuggire alla minaccia avversaria. In aggiunta, l'MB-339A può montare due missili Aria-Aria a guida infrarossa, particolarmente idonei al combattimento manovrato, che insieme ai cannoni da 30 mm consentono una considerevole capacità di autodifesa.

Come sottolineato più volte, l'MB-339A è stato disegnato per richiedere una manutenzione minima, facilità di operazioni e ridotto supporto logistico. La filosofia ma-

weapons release button are installed on the front control stick only, but the instructor can override and inhibit the fire action with a switch on the repeater panel. A Salvo Jettison emergency pushbutton is available for both pilots and it permits the simultaneous safe jettison of all the pylons-carried loads. It excludes the gun/cannon pods that are bolted.

For the air-to-ground live training the MB-339A can carry two 30 mm cal. DEFA 553 cannons with 120 rounds each or two 12.7 mm cal. Browning M2 machine guns with 350 rounds each, plus Mk.76 bombs and 50 mm rockets contained in the Aerea BRD-4-250 dispenser.

Performance, maneuverability, fire platform stability, limited logistical support are all excellent qualities that allow MB-339A to cover operational roles such as CAS (Close Air Support), BAI (Battlefield Air Interdiction,), COIN (COunter INsurgency), Armed Reconnaissance and Anti-Helicopter.

Based on weapons load and flight path (LO-LO-LO, very low altitude, or HI-LO-HI, with cruise at high altitude) the MB-339A has a variable combat range between 180 NM (335 km) and 320 NM (500 km).

Several loads have been certified to satisfy operators needs such as 227 kg (500 lbs) LDGP Mk.82 free-fall bombs, 227 kg (500 lbs) Mk.82 Ballute retarded bombs, BAP 100 anti-runway bombs, Matra Beluga cluster bombs, 70 mm (2.75") cal. Area LR-25-0 or AL-25-50A rocket launchers, 127 mm (5") cal. LAU-10A rocket launchers, R550 Magic or AIM-9 Sidewinder Air-to-Air infrared homing missiles, ECM pods, Chaff/Flares dispensers and Photo-Reconnaissance pods. Minimum maintenance and few logistical support needs, quick refuelling and rearming turn-around times and high availability make the MB-339 the ideal machine to operate from rough FOBs (Forward Operating Base), included from unprepared highways.

Small dimensions, no exhaust fumes, high maneuverability and speed, passive defenses such as ECM pods and Chaff/Flares dispensers allow the MB-339 crews to plan flight profiles extremely low taking advantage of terrain masking to avoid enemy detection. In addition, the MB-339 has considerable self-defence capabilities thanks to Infrared Air-to-Air missiles and 30 mm cal. cannons, both particularly suited for close range air combat.

As pointed out several times, the MB-339 has been designed to assure easy ground handling, minimum maintenance and logistical support. Maintenance philosophy is "on condition",

L'MB-339CD2 RS-30 CSX-54544 in atterraggio a Torino Caselle il 16 settembre 2008. (foto M. Cini)

MB-339CD2 RS-30 CSX-54544 landing at Turin Caselle on September 16th, 2008. (photo M. Cini)

nutentiva è basata sul concetto "on condition", cioè monitorare alcuni parametri essenziali della macchina per intervenire quando necessario. L'ispezione principale, o di 3° livello, è la cosiddetta IRAN - Inspection and Repair As Necessary e avviene ogni 1.500 ore di volo o 8 anni, quale dei due si presenta prima.

that is continuous monitoring of some essential components and intervene when necessary. Main overhaul, or "3rd level", is the so called IRAN (Inspection and Repair As Necessary) that takes place every 1,500 hours or 8 years, whichever occurs first.

Un'altra immagine dell'RS-30 in atterraggio a Decimomannu con i pod DEFA 553. (foto G. L. Onnis)

Another view of RS-30 landing in Decimomannu carrying DEFA 553 Gunpods. (photo G. L. Onnis)

In servizio con l'Aeronautica Militare

In service with Italian Air Force

L'Aeronautica Militare ha ricevuto 107 esemplari della versione A (compresi i PAN), in cinque lotti costruttivi consegnati tra il 1979 ed il 1995, diventando cliente di lancio e principale utilizzatore dell'MB-339. I primi due aerei (MM54438 e MM54439) furono assegnati al Reparto Sperimentale di Volo di Pratica di Mare (Roma) l'8 agosto 1979 per esplorarne l'inviluppo di volo e stabilire il syllabus addestrativo. Quattro aerei furono consegnati all'8° Gruppo/14° Stormo, sempre a Pratica di Mare, nella speciale versione MB-339A/RM, utilizzati nel ruolo Radiomisure (controllo delle radio assistenze aeronautiche) da febbraio 1981 ad ottobre 1987.

Ad aprile 1982, l'MB-339A sostituì il predecessore MB-326 alla SVBIA - Scuola Volo Basico Iniziale Aviogetti di Galatina (LE), che sin dall'immediato dopoguerra, sotto varie denominazioni e con un eterogeneo parco velivoli, aveva contribuito a brevettare migliaia di Piloti Militari italiani. Nello stesso periodo chiudeva la SCIV - Scuola Centrale Istruttori di Volo di Grottaglie (TA), che utilizzava per i propri compiti istituzionali il T-6 Texan, il Piaggio P.166 e l'MB-326. Fu naturale affidare la formazione degli Istruttori di Volo dell'AM alla SVBIA ed all'MB-339.

Aeronautica Militare (Italian Air Force) received 107 A-version airplanes, including the special version MB-339A/PAN (Pattuglia Acrobatica Nazionale - National Acrobatic Team) assigned to Frecce Tricolori, in five batches delivered from 1979 and 1995, becoming MB-339 launch customer and main operator. First two planes (MM54438 e MM54439) were assigned on August 8th, 1979 to Reparto Sperimentale di Volo (Flight Test Squadron) at Pratica di Mare (Rome) to explore the flight envelope and establish the training syllabus.

Four airplanes were delivered to 8th Gruppo / 14th Stormo (8th Squadron / 14th Wing), again at Pratica di Mare, in the MB-339A/RM flight inspection special version, from February 1981 to October 1987.

On April 1982 the MB-339A replaced the predecessor MB-326 at SVBIA - Scuola Volo Basico Iniziale Aviogetti (Basic Jet Training Flight School), at Lecce Galatina, in Apulia, that since second post-war have been graduating hundreds of Italian Military Pilots on a wide range of different airplanes.

In the same years the SCIV - Scuola Centrale Istruttori di Volo (Flight Instructor Central School) closed. For

I primi cinque aerei di pre-serie in attesa della consegna all'Aeronautica Militare, ritratti a Venegono nel 1979 insieme al secondo prototipo I-NINE. (archivio Aermacchi)

First five pre-series airplanes ready to be delivered to Italian Air Force, shown at Venegono in 1979 together with second prototype I-NINE. (archive Aermacchi)

Dal 1981 al 1987 l'8° Gruppo/14° Stormo ha utilizzato quattro MB-339A nel ruolo radiomisure. Nella foto il 14-31 MM54451 a Pratica di Mare nel maggio 1985. (archivio F. Anselmino)

From 1981 to 1987 8ᵗʰ Squadron/14ᵗʰ Wing used four MB-339A for flight inspection checks. In the picture 14-31 MM54451 at Pratica di Mare on May 1985. (archive F. Anselmino)

Sulla livrea bianco-rossa, comunemente detta Marlboro, i codici di fusoliera erano rappresentati da un semplice numero progressivo. In questo caso la MM54462, ritratto a Galatina ad aprile 1985, è il n° 16. (archivio F. Anselmino)

On red-white livery, also known as Marlboro, fuselage codes were represented by a simple progressive number. In this case was assigned #16 to MM54462, shown at Galatina on April 1985. (archive F. Anselmino)

La MM54449 è uno dei primi MB-339A di serie consegnati alla SVBIA di Galatina, ritratto a Venegono il 1 marzo 1982 ancora privo dei codici di fusoliera, ma già con l'insegna di Reparto sulla deriva. (archivio F. Anselmino)

MM54449 is one of the first series MB-339A delivered to SVBIA at Galatina, shown at Venegono on March 1ˢᵗ, 1982, still without fuselage codes but wearing Wing insigna on the fin. (archive F. Anselmino)

Il 14 settembre 1986 la Scuola assunse la denominazione di 61ª Brigata Aerea, composta da due Gruppi Volo, il 212° ed il 213°, più un Gruppo Allievi, responsabile della formazione "ground", cioè aule, simulatori di volo ed istruzione militare. Il 1° dicembre 1995 il Reparto assunse l'attuale denominazione di 61° Stormo ed i suoi compiti comprendono la formazione teorica e l'addestramento al volo degli Allievi Piloti fino al conseguimento del Brevetto di Pilota Militare, la preparazione dei Piloti Militari frequentatori di corsi pre-operativi e istruzionali, nonché degli Allievi Piloti delle altre Forze Armate e dei Paesi alleati/amici.

Per il raggiungimento dei suoi scopi istituzionali, attualmente il 61° Stormo è organizzato come segue:
- 212° Gruppo Volo. Si occupa dell'addestramento pre-operativo dei Piloti Militari idonei alle linee aerotattiche (Typhoon, Tornado, AMX), grazie alle avanzate caratteristiche dell'MB-339CD2;
- 213° Gruppo Volo. Ha il compito di far conseguire ai giovani Ufficiali il Brevetto di Pilota Militare utilizzando l'MB-339A/MLU. Il corso dura circa 10 mesi durante i quali ogni Allievo svolge attività di volo a vista, strumentale, notturno, formazione acrobatica e tattica, navigazione ad alta, media e bassissima quota;
- 214° Gruppo Istruzione Professionale. Svolge l'attività di preparazione a terra per i frequentatori dei vari corsi, forma tutti gli Istruttori di Volo ed è responsabile dei corsi di transizione su MB-339A/MLU e MB-339CD2.

In aggiunta alle attività scolastiche, dal 2007 al 61° Stormo è demandato anche il ruolo SMI - Slow Movers Interceptor, che prevede tattiche e procedure per intercettare piccoli aeromobili, elicotteri o drones utilizzati a scopi terroristici. Per soddisfare tale esigenza, alcuni MB-339CD del 212° Gruppo sono configurati per il ruolo SMI (due missili AIM-9L Sidewinder ai piloni 1 e 6, due cannoni DEFA 553 cal. 30 mm ai piloni 3 e 4, più due

its duty the school used T-6 Texan, Piaggio P.166 and MB-326, so was automatic adopt the MB-339 also for Flight Instructor training.

On September 14th, 1986 SVBIA changed name in 61st Brigata Aerea (61st Air Brigade), with depending 212th and 213th Gruppo (212th and 213th Squadron), plus a ground training Squadron, also responsible for the flight simulators. On December 1st, 1995 the Brigade was once more renamed 61st Stormo (61st Wing), with same duties: form Italian student pilots until graduation, student pilots of allied/friendly countries and Flight Instructors. For its purposes 61st Stormo (Wing) is currently composed as follows:
- *212th Gruppo Volo (212th Flight Squadron). Advanced training of tactical fighter pilots (those assigned at Typhoon, Tornado and AMX), making use of advanced features of MB-339CD2;*
- *213th Gruppo Volo (213th Flight Squadron). Basic training of young Officers, bringing them from first flights to became Pilota Militare (military pilot), using the MB-339A/MLU. The course lasts about ten months during which the student pilot gain experience on visual flying, instrumental flying, night flying, close and tactical formation, high/low altitude navigation and basic fighter maneuvers.*
- *214th Gruppo Istruzione Professionale (214th Professional Instruction Squadron). It is responsible for ground training of all the students, forms the Flight Instructors and develops Transition Course on MB-339A/MLU and MB-339CD2.*

In addition to flying school activities, since 2007 61st Stormo has been assigned the SMI - Slow Movers Interceptor role which involves tactics and procedures to intercept small aircraft, helicopters or drones that could be involved in terrorist attacks.

Aerei in attesa di consegna a Venegono nel 1987. Dal 2° lotto di produzione gli MB-339A adottarono la livrea mimetica Standard NATO più inserti ad alta visibilità. (archivio Aermacchi)

Airplanes waiting for delivery at Venegono in 1987. Starting from 2nd production batch MB-339A adopted Standard NATO camouflaged livery plus high visibility strips. (archive Aermacchi)

Le due livree convissero per diversi anni fintanto che gli aerei più vecchi non venivano riverniciati. Nella foto una coppia di MB-339A in volo sulle Alpi sul finire degli anni 80. (archivio Aermacchi)

The two liveries lived together for several years as long as the older airplanes were not repainted. In the picture a pair of MB-339A flying over the Alps in late Eighties'. (archive Aermacchi)

L'MB-339 è stato progettato sin dall'inizio per avere facile manutenzione e veloce accesso agli impianti. L'esemplare della foto illustra i molti portelli d'ispezione dell'aeromobile. (archivio Aermacchi)

MB-339 has been designed from the beginning to be easy to maintain and have quick access to the systems. The aircraft in the picture shows many of the aircraft access doors. (archive Aermacchi)

Nel 1986 la SVBIA assunse il nome di 61ª Brigata Aerea. Gli MB-339A adottarono di conseguenza i nuovi codici, come il 61-63 MM54513 ritratto a Forlì il 2 ottobre 1988. (foto F. Anselmino)

In 1986 SVBIA was renamed 61st Brigata Aerea. The MB-339A accordingly adopted the new fuselage codes, such as 61-63 MM54513 shown at Forlì on October 2nd, 1988. (photo F. Anselmino)

Durante la Guerra Fredda gli MB-339A della SVBIA si rischieravano periodicamente negli hangar corazzati ricavati nelle caverne dell'isola di Pantelleria, come questi esemplari ritratti nel 1987. (archivio F. Anselmino)

During the Cold War the MB-339A of SVBIA periodically redeployed in the shelters dug in the caves of Pantelleria island, such as these aircraft shown in 1987. (archive F. Anselmino)

Gli MB-339A assegnati alle Squadriglie Collegamenti mantenevano i codici di fusoliera del 61° Stormo, come il 61-03 MM54448 in gestione alla 653ª Squadriglia/53° Stormo, qui ritratto a Cervia nel 1993. Questo aereo è andato perduto il 19 agosto 1999, senza conseguenze per i piloti. (foto F. Anselmino)

MB-339A delivered to Liaison Flights maintained 61st Wing fuselage codes, such as 61-03 MM54448 used by 653rd Flight/53rd Wing, here shown at Cervia in 1993. This airplane was lost on August 19th, 1999, with no consequences for the pilots. (photo F. Anselmino)

serbatoi subalari ai piloni 2 e 5) ed un'aliquota di Istruttori effettua un particolare addestramento per acquisire e mantenere le capacità operative previste per il ruolo assegnato.

Pedina fondamentale presente sull'aeroporto di Galatina è il 10° RMV - Reparto Manutenzione Velivoli, l'ente responsabile della gestione del sistema d'arma MB-339, che ne assicura il supporto tecnico-logistico, le attività manutentive di livello superiore e la qualificazione di tutto il personale Specialista. Il 10° RMV è amministrativamente il proprietario di tutti gli MB-339 dell'Aeronautica Militare, cioè in "carico contabile", tranne quelli assegnati al RSV ed alla PAN. Invece gli MB-339 utilizzati nel corso degli anni dalle Squadriglie Collegamenti e da enti distaccati sono in "carico di utilizzo", cioè prestati dal 10° RMV, e sono normalmente a rotazione tra gli aerei prossimi all'ispezione di 3° livello. Questo è il motivo per cui tutti gli MB-339 delle Squadriglie Collegamenti hanno i codici di fusoliera 61-xx, rappresentativi del 61° Stormo, e non quelli dello Stormo di appartenenza, ad eccezione della 651ª Squadriglia del 51° Stormo di Istrana (TV) che ha avuto alcuni velivoli con codici e insegne di Reparto.

In seguito ad un incidente di volo che evidenziò fatica strutturale, Il 27 dicembre 1990 quasi tutti gli esemplari di MB-326E dell'Aeronautica furono messi precauzionalmente a terra. Essi svolgevano il prezioso servizio di collegamento veloce presso le Squadriglie Collegamenti sparse su tutto il territorio nazionale. Per ovviare al vuoto lasciato, ma non avendo un numero sufficiente di MB-339A per rimpiazzare gli MB-326 in rapporto 1 a 1, venne deciso di assegnare un numero limitato di aerei solo ad alcune Squadriglie: la 603ª di Villafranca (VR) e la 651ª di Istrana (TV) per la 1ª Regione Aerea, la 604ª

To satisfy this requirement some 212th Gruppo MB-339CD are configured for SMI role (two AIM-9L missiles at stations 1 and 6, two 30 mm cal. DEFA 553 guns at stations 3 and 4 plus two pylon fuel tanks at stations 2 and 5) as well as some Instructors trained to acquire and maintain the required operational capabilities.

Key asset at Lecce Galatina airport is 10th RMV - 10th Reparto Manutenzione Velivoli (aircraft maintenance department), the unit in charge of MB-339 weapon system management, which ensures technical and logistical support, higher level maintenance activities and Specialista (maintenance technician) staff qualification.

10th RMV is the legally owner of the whole Aeronautica Militare MB-339 fleet, indicated as "carico contabile", except those delivered to Reparto Sperimentale di Volo and Frecce Tricolori.

The MB-339 assigned to the Squadriglie Collegamenti (Liaison Flights) and other minor units are instead indicated as "carico di utilizzo", that means loaned by 10th RMV and they are usually among those approaching the 3rd level main overhaul. This is the reason because all the Squadriglie Collegamenti MB-339 retain the 61-xx identification codes from 61st Stormo and not those belonging at own Stormo (Wing), with the exception of the 51st Stormo / 651st Squadriglia (51st Wing / 651st Flight) at Treviso Istrana that applied parent Unit's codes to these aircrafts.

Due to a fatal accident that highlighted structural fatigue, on December 27th, 1990 almost the entire fleet of Italian MB-326E was grounded. They carried out the valuable fast liaison service in almost all the Squadriglie Collegamenti scattered throughout the

di Grosseto e la 674ª di Latina per la 2ª Regione Aerea e la 636ª di Gioia del Colle (BA) per la 3ª Regione Aerea. Nel 1993 il Ministero della Difesa firmò un accordo di leasing con l'omologo britannico per 24 Tornado F.3, con consegna degli aerei al XII Gruppo di Gioia del Colle (BA) ed al 21° Gruppo di Cameri (NO) tra il 1995 ed il 1997. Il programma prevedeva la conversione di Navigatori provenienti dal Tornado IDS, ma anche di Piloti di F-104, temporaneamente utilizzati come Weapons Systems Officer (WSO). Per mantenere le abilitazioni di questi ultimi, ma anche e soprattutto per addestrare i Navigatori al nuovo ruolo e per collaborare alla realizzazione di scenari addestrativi, un secondo MB-339A venne consegnato alla 636ª Squadriglia ed il 6 giugno 1995 il primo di due MB-339A venne assegnato alla 653ª Squadriglia Collegamenti di Cameri. Il secondo aereo, proveniente dalla 603ª Squadriglia di Villafranca, giunse all'inizio del 1996.

national territory. To fill the gap left, but not having a sufficient number of MB-339 to replace the MB-326 on a 1:1 basis, was decided to assign a limited number of aircraft to some selected Squadriglie: 603rd at Verona Villafranca and 651st at Treviso Istrana for the 1st Air Region (approximately equivalent to northern Italy), 604th at Grosseto and 674th at Latina for the 2nd Air Region (central Italy) and 636th at Gioia del Colle (BA) for the 3rd Air Region (southern Italy).
In 1993 Italian Ministry of Defence signed a leasing agreement with the British counterpart for 24 Tornado F.3, with delivery at XII Gruppo at Gioia del Colle (BA) and 21st Gruppo at Cameri (NO) between 1995 and 1997. The program included the conversion course for Tornado IDS Navigators, but also for some F-104 pilots temporarily assigned as Weapons Systems Officer (WSO).
To maintain flight currency of these pilots, to train the

MB-339A 61-52 MM54504 impegnato in attività addestrativa alla 61ª Brigata Aerea di Galatina il 1 agosto 1989. In evidenza i serbatoi subalari utilizzati per aumentare l'autonomia. (archivio F. Anselmino)

MB-339A 61-52 MM54504 involved in training activity at 61st Air Wing at Galatina on August 1st, 1989. Note the pylon fuel tanks used to increase range. (archive F. Anselmino)

Nelle Squadriglie Collegamenti l'MB-339A è utilizzato per una moltitudine di compiti. Accanto ai tradizionali ruoli di corriere veloce e di voli per i "Seioristi" (Ufficiali Superiori lontani dall'attività di volo, ma per i quali è prevista l'attività di volo minima di sei ore per mantenere le abilitazioni), le superiori capacità dell'MB-339 consentono di partecipare ad aerocooperazioni con Esercito e Marina (essenzialmente missioni in bianco CAS/BAI e TASMO - Tactical Air Support for Maritime Operations), di esercitare il ruolo DACT (Dissimilar Air Combat Training) e di condurre attacchi simulati per l'addestramento dei siti radar ed antiaerei.

former Tornado IDS Navigators, but above all to set up realistic air combat scenarios, a second MB-339A was delivered at 636th Squadriglia at Gioia del Colle.
On June 6th, 1995 first of two MB-339 was assigned at 653rd Squadriglia Collegamenti at Cameri, while the second arrived in early 1996, coming from 603rd Squadriglia at Verona Villafranca.
Squadriglie Collegamenti has been using MB-339A for a wide range of tasks. Besides the traditional roles typical of the MB-326 such as fast courier and trainer for the high-rank officers to maintain minimum flight activity, higher capabilities allow the MB-339

Configurazione da trasferimento per l'MB-339A 61-42, serbatoi cilindrici, serbatoi subalari e contenitori bagagliaio, ritratto in discesa verso Cameri nel marzo 1992. Notare l'ampio aerofreno. (archivio M. Tomassoni)

Long range configuration for MB-339A 61-42, cylindrical fuel tanks, pylon fuel tanks and pylon storage containers, shown descending towards Cameri on March 1992. Note the large airbrake. (archive M. Tomassoni)

Volo in formazione stretta sul mare del Salento per una coppia di MB-339A della 61ª Brigata Aerea. (archivio F. Anselmino)

Cose formation flight over the south Apulia sea for a pair of 61st Air Brigade's MB-339A. (archive F. Anselmino)

Nei primi anni 90 la flotta MB-339 è passata alle insegne a bassa visibilità, come mostra il 61-67 MM54517 a Villafranca il 1 aprile 1991. Gli inserti ad alta visibilità subirono una riduzione ed una diversa disposizione. (archivio F. Anselmino)

In early Nineties' the MB-339 fleet adopted low visibilità insignia, as shown by 61-67 MM54517 at Villafranca on April 1, 1991. High visibility strips were reduced and differently placed. (archive F. Anselmino)

MB-339A 61-47 MM54501 sul piazzale di Amendola il 1 dicembre 1989. E' ben visibile il pannello delle utenze idrauliche. Questo aereo è andato perduto il 23 aprile 1992 con la morte dei due piloti. (archivio F. Anselmino)

MB-339A 61-47 MM54501 on Amendola's ramp on December 1st, 1989. It's clearly visible the hydraulic system panel. This airplane was lost on April 23rd, 1992, with the death of both pilots. (archive F. Anselmino)

Il 61-17 sul piazzale della Collegamenti a Cameri. (foto F. Anselmino)

Cameri's Squadriglia Collegamenti apron showing 61-17. (photo F. Anselmino)

L'autore sull'MB-339A 61-35 MM54491 nel luglio 1996, insieme ad un Navigatore del 21° Gruppo, al rientro a Cameri da una missione addestrativa con i Tornado F.3. (archivio M. Tomassoni)

The author on MB-339A 61-35 MM54491 on July 1996, together with a 21st Squadron Navigator, returning to Cameri after a training mission with Tornado F.3 fighters. (archive M. Tomassoni)

Il termine del contratto di leasing dei Tornado F.3 nel 2003 e la riorganizzazione dei primi anni 2000 a causa dei continui tagli di bilancio portarono alla chiusura di molte Squadriglie ed al ridimensionamento di altre. Attualmente solo la 651ª Squadriglia di Istrana e la 636ª Squadriglia di Gioia del Colle dispongono di un singolo MB-339A/MLU. Nel 2009 la 651ª Squadriglia ha avuto per brevissimo tempo due MB-339A/PAN ceduti con pochissime ore residue, lasciati in livrea Frecce Tricolori e sul quale gli Specialisti dipinsero, fuori standard, i codici del 51° Stormo ed il Boxer, simbolo della 651ª Squadriglia. E' molto difficile ricostruire l'impiego degli MB-339 nelle Squadriglie Collegamenti, in parte perché gli aerei erano (e sono) in carico di utilizzo, ruotavano molto velocemente e venivano rimpiazzati dal 10° RMV secondo disponibilità, ma soprattutto perché l'utilizzo non è stato organico agli Stormi come per l'MB-326, ma su base di necessità, spostandoli da una Base all'altra a seconda delle esigenze. Un esempio di ciò è la 672ª Squadriglia Collegamenti e Recupero Radiobersagli del Poligono Sperimentale Interforze di Salto di Quirra, normalmente basata a Perdasdefogu (OG) con i soli elicotteri AB212. Dal 2004 al 2006, per compiti di calibrazione sensori e apparati del poligono, ha visto l'assegnazione a rotazione di alcuni MB-339A/MLU e

to fly Close Air Support/Battlefield Air Interdiction missions with the Italian Army, TASMO - Tactical Air Support for Maritime Operations with the Italian Navy, opponents role in Dissimilar Air Combat Training and train radar and missile operators during simulated attack at Integrated Air Defence System facilities.
End of Tornado F.3 leasing contract in 2003 and reorganization of early 2000s due to continuous budget cuts leaded to close many Squadriglie and downsizing several others. Currently only 651st at Treviso Istrana and 636th at Gioia del Colle have a single MB-339A/MLU. In 2009 651st Squadriglia had for a very short time two MB-339A/PAN with only few hours remaining and left in Frecce Tricolori livery, on which technical staff painted non-standard 51st Stormo (51st Wing) codes and the Boxer, badge of the 651st Squadriglia.
It is quite difficult summarize the use of MB-339 in Squadriglie Collegamenti, partly because the planes were (and still are) loaned by 10th RMV, turned over very quickly and were replaced subject to availability, but mainly because their use wasn't organic in the Wings such as the MB-326, but moving them from one base to another according to the needs.

A seconda delle condizioni di luce e dello stato di usura, l'arancione Aermacchi 12246 può sembrare rosso intenso o arancione scolorito. L'MB-339A 61-87 MM54547 ripreso a RAF Cottesmore il 29 giugno 1987 mostrava una colorazione da manuale. (archivio F. Anselmino)

Depending on light conditions and state of wear, Aermacchi orange 12246 may seem deep red or faded orange. MB-339A 61-87 MM54547 shown at RAF Cottesmore on June 29th, 1987 showed a perfect livery. (archive F. Anselmino)

Contatto su una sola ruota per l'MB-339A 61-82 MM54543 a Galatina il 14 settembre 1998. Forte vento al traverso o ardito virtuosismo aviatorio? (foto F. Anselmino)

Touch down on a single wheel for MB-339A 61-82 MM54543 at Galatina on September 14th, 1998. Extreme crosswind or daring flying skills? (photo F. Anselmino)

Linea di volo a Galatina. (foto S. Mapelli)

Galatina's flight line. (photo S. Mapelli)

Nel 1993 l'Aeronautica Militare uniformava la colorazione di tutti gli assetti aerotattici e da trasporto con la cosiddetta livrea monogrigio, Air Superiority Gray FS36280. Unica eccezione sugli addestratori gli inserti ad alta visibilità. (archivio Aermacchi)

In 1993 Italian Air Force standardized all the tactical and transport assets on Air Superiority Gray FS36280 gray livery. Only exception the trainers which continued to show high visibility strips. (archive Aermacchi)

L'autore durante un volo solista alla 61ª Brigata Aerea di Galatina nel novembre 1991. E' in momenti come questo che il pilota si sente parte integrante dell'aereo. (archivio M. Tomassoni)

The author during a solo flight at 61st Air Brigade at Galatina on November, 1981. Living moments like this the pilot feels himself as integral part of the airplane. (archive M. Tomassoni)

MB-339CD1, seppure in modo discontinuo e saltuario, basati a Decimomannu.

L'RSSTA/AWTI - Reparto Sperimentale e di Standardizzazione al Tiro Aereo/Air Weapon Training Installation, situato sull'aeroporto sardo di Decimomannu (CA), ha l'obiettivo di addestrare al tiro ed al combattimento aereo i Piloti Militari dell'Aeronautica Militare, di Forze Aeree NATO e di Paesi amici. La disponibilità di ampi spazi lontani da centri abitati e dalle rotte aeree civili, di tecnologie d'avanguardia ed infrastrutture capaci di ospitare più di 100 aeromobili contemporaneamente, nonché condizioni meteo favorevoli, fanno dei poligoni Aria-Aria ed Aria-Suolo di Decimomannu una risorsa molto ambita.

Sin dalla sua costituzione (1957), all'RSSTA sono stati assegnati importanti compiti tra i quali quello di formare gli ITT - Istruttori di Tiro e Tattiche. L'RSSTA utilizza attualmente MB-339A/MLU e MB-339CD2 in complessi scenari DACT nei poligoni sardi e nelle principali esercitazioni nazionali e NATO.

L'unico altro ente che ha avuto a disposizione, ed ha tuttora, tutte le versioni prodotte è ovviamente il Reparto Sperimentale di Volo, nella fattispecie il 311° Gruppo Volo, che utilizza l'MB-339 continuamente dal 1979. La Sperimentale, come è comunemente chiamato il Reparto, è responsabile delle prove in volo e a terra di tutti gli aeromobili e materiali di volo di cui l'Aeronautica è in possesso o intende acquisire. Inoltre, in virtù delle grandi capacità ed esperienza dei propri Collaudatori Sperimentatori, è anche incaricata delle presentazioni degli aeromobili nelle principali manifestazioni aeree nazionali ed internazionali. Accanto alle attività prettamente sperimentali, di certificazione di carichi e configurazioni, di valutazione di sistemi d'arma o avionici, in ambito RSV l'MB-339 è inoltre utilizzato per formare i Collaudatori di Produzione, piloti di Reparto che vengono selezionati per certificare, con un apposito volo prova, la rispondenza alle specifiche degli aerei usciti dall'ispezione IRAN.

Come si è visto, anche il XII Gruppo Caccia Intercettori Ognitempo è stato legato al programma Tornado F.3, utilizzandolo dal 1995 al 2004. Terminato il contratto ed in attesa dell'Eurofighter, in ritardo per problemi relativi allo sviluppo del software, al Reparto furono assegnati, a partire da giugno 2004, alcuni MB-339CD1 prelevati direttamente dalla linea del 61° Stormo. Il XII Gruppo si trovò così ad operare contemporaneamente due macchine e due ruoli completamente differenti: con il Tornado F.3 si è continuato a coprire il servizio di allarme della Difesa Aerea fino a dicembre 2004, mentre con l'MB-339CD si è creato il nuovo ruolo Slow Movers Interceptor. La configurazione adottata per le missioni SMI, la persistenza permessa dalla capacità di rifornimento in volo unita al basso consumo durante i circuiti di attesa CAP (Combat Air Patrol), hanno permesso al XII Gruppo di essere impiegato a protezione del summit Euro-NATO di Pratica di Mare, del funerale di Papa Giovanni Paolo II e conseguente nomina di Papa Benedetto XVI, delle Olimpiadi

Example of this is 672ⁿᵈ Squadriglia Collegamenti e Recupero Radiobersagli (aerial targets recovery), usually based at Perdasdefogu, Sardinia, operating AB.212 helicopters only. From 2004 to 2006, albeit in a discontinuous and intermittent way, a pair of MB-339A/MLU and MB-339CD1 were assigned to the Squadriglia to carry out sensor calibration in the Sardinia electronic ranges.

The RSSTA/AWTI - Reparto Sperimentale e di Standardizzazione al Tiro Aereo/Air Weapon Training Installation, located at Decimomannu airport in Sardinia, is delegated to train Italian, NATO and friend countries military pilots in Air-to-Ground and Air-to-Air combat. Availability of large airspaces in remote areas, well away from the nearest air traffic route, extensive use of cutting-edge technologies and facilities able to operate more than 100 aircraft simultaneously as well as fair weather conditions make Decimomannu and its ranges a very coveted resource by the Allies for advanced and realistic training.

Since its establishment in 1957 RSSTA/AWTI was in charge of many important tasks including the training of ITT - Istruttori di Tiro e Tattiche (Weapons and Tactics Instructor) using MB-339A/MLU and MB-339CD2 in complex DACT (Dissimilar Air Combat Training) scenarios in the major Italian and NATO exercises.

The only other unit that had, and still has, all the produced versions is Reparto Sperimentale di Volo, officially named 311ᵗʰ Gruppo Volo (311ᵗʰ Flight Squadron), which have been using MB-339 continuously since 1979. Duty of the "Sperimentale", as it is commonly called, is to test all the aircraft and equipments Aeronautica Militare operates or intends to acquire. Furthermore, due to Test Pilots skills and experience the unit is also assigned to display some aircraft in major domestic or international airshows.

Besides the testing, experimental and certifying tasks related to aircraft, avionics or equipments, the MB-339 is used at Reparto Sperimentale di Volo to train the Piloti Collaudatori di Produzione (Production Test Pilots), highly skilled operational pilots selected to check a single type of aircraft after the IRAN (Inspection and Repair As Necessary) main overhaul.

SMI weapons configuration, extended patrolling time due to Air-to-Air Refuelling capability and low fuel consumption during CAP - Combat Air Patrol holding patterns permitted the XII Gruppo to be activated during the Euro-NATO summit at Pratica di Mare, Pope Giovanni Paolo II burial ceremony and consequent assignment to Benedetto XVI, Turin Winter Games and Presidents Bush and Putin official visits.

With the arrival of first Typhoons in October 2007 the

Una bella immagine dell'MB-339A 61-11 MM54457 durante un volo in formazione sulla costa del Salento nel 1997. Le caratteristiche acrobatiche dell'MB-339 rimangono insuperate. (foto 61° Stormo)

A beautiful picture of MB-339A 61-11 MM54457 during a formation flight over the coast of south Apulia on 1997. MB-339 acrobatic characteristics remain unsurpassed. (photo 61st Stormo)

Il patch in stoffa ricamata con la shlouette del 339 in grigio. (collezione F. Anselmino)

Embrodered patch with the grey MB-339 shilouette. (F. Anselmino collection)

La livrea "anti-uccelli" applicata all'MB-339A 61-66 MM54516, ripreso a Galatina il 14 settembre 1998. (foto F. Anselmino)

"Anti-birdstrike" livery applied on MB-339A 61-66 MM54516, shown at Galatina on September 14th, 1998. (photo F. Anselmino)

Una rarissima immagine di un 339 in versione traino manica. (foto G. L. Onnis)

A very rare and unusual shot of sleeve-towing MB-339. (photo G. L. Onnis)

Aeroporto di Galatina, piloti e specialisti preparano una coppia di MB-339A all'ennesima missione addestrativa. In primo piano il 61-43 MM54497.
(foto F. Anselmino)

Galatina Airbase, pilots and technical staff get ready a pair of MB-339A for another training mission. In the foreground 61-43 MM54497. (photo F. Anselmino)

Diversamente dalle altre Squadriglie Collegamenti, la 651ª di Istrana ha utilizzato alcuni aerei personalizzati con le insegne di Reparto, come questo MB-339A/MLU 51-71 MM54493 fotografato in atterraggio a Torino Caselle il 12 dicembre 2008. (foto M. Cini)

Unlike other Liaison Flights, 651st at Istrana used some aircraft with Wing insignia, such as this MB-339A/MLU 51-71 MM54493 taken at Turin Caselle on December 12th, 2008. (photo M. Cini)

invernali di Torino e della visita dei Presidenti Putin e Bush, tanto per citare gli eventi principali. Con l'arrivo dei primi Typhoon nell'ottobre 2007, gli MB-339CD sono stati restituiti al 61° Stormo, contestualmente al ruolo SMI, che da allora è assegnato al 212° Gruppo. Infine, anche il Comando Generale delle Scuole, a Guidonia (Roma) fino al 2008 ed a Bari dopo tale anno, a seguito della fusione con il Comando della 3ª Regione Aerea, ha in carico di utilizzo un singolo MB-339A/MLU.

MB-339CDs were returned at 61st Stormo, together with the SMI role, which since then was assigned to the 212th Gruppo.
Even the Comando Generale delle Scuole (General School Command), at Rome Guidonia until 2008 and in Bari after that year following the merging with 3rd Air Region Command, has a single MB-339A/MLU.

Nel febbraio 2001 la 651ª Squadriglia Collegamenti di Istrana aveva in dotazione due MB-339A, uno di essi era il 61-102. Notare il serbatoio subalare bianco, fuori standard. (foto F. Anselmino)

On February 2001 651st Squadriglia Collegamenti at Istrana had on duty two MB-339A, one of them this 61-102. Note the non-standard white pylon fuel tank. (photo F. Anselmino)

Interessante scatto del 61-52 con i codici di reparto nella posizione attualmente in uso sotto l'abitacolo, mentre sono ancora chiaramente visibili gli stessi codici nella vecchia posizione ai lati della coccarda.

In this picture is clearly shown the new and the old unit's codes positions; the shaded back fuselage shows the old one.

MB-339A 61-27 MM54471 in atterraggio sulla pista 32 di Galatina il 14 settembre 1998. (foto F. Anselmino)

MB-339A 61-27 MM54471 landing on runway 32 at Galatina on September 14th, 1998. (photo F. Anselmino)

L'MB-339A 61-15 MM55054, fotografato a Galatina il 14 settembre 1998, mostra la sagoma di un Alpha Jet sulla fusoliera destra, vittima di un addestramento aria-aria con l'equivalente scuola di volo francese. (foto F. Anselmino)

MB-339A 61-15 MM55054, taken at Galatina on September 14th, 1998, shows the kill-mark of an Alpha Jet on right fuselage, air-to-air training victim with the equivalent French flight school. (photo F. Anselmino)

MB-339CD

MB-339CD

Nonostante sia rappresentativo degli aerei da combattimento dell'attuale generazione, l'MB-339CD mantiene comunque una stretta comunanza con l'MB-339A, a cominciare dal motore Viper 632-43 da 1.816 kg (4,000 lbs) di spinta e dagli impianti principali, facilitando la transizione di piloti e specialisti, la manutenzione e la catena logistica. Le caratteristiche che rendono immediatamente identificabile la versione sono la sonda fissa per il rifornimento in volo sul lato destro della fusoliera (unico addestratore al mondo, insieme al BAe Hawk 120), il muso allungato con il faro d'atterraggio (previsto inizialmente per ospitare un telemetro laser, poi non installato) e le antenne dell'RWR sulla deriva. Ma le differenze più importanti sono all'interno, a cominciare dai sedili eiettabili Martin Baker IT-10LK, leggermente differenti da quelli dell'MB-339A, ed una radicale riprogettazione del cockpit. Un data bus MIL-STD-1553B connette i componenti avionici ad un Mission Computer che elabora i dati di molteplici sensori quali un Air Data Computer (dati ambientali quali pressione, temperatura e umidità), una piattaforma inerziale Gyrolaser con ricevitore GPS integrato, un Engine and System Data Acquisition Box (parametri di funzionamento e monitoraggio del motore e degli impianti), uno Store Management System (gestione dei carichi esterni), oltre naturalmente agli apparati di navigazione e di comunicazione.

Despite being representative of the current generation of combat aircraft, MB-339CD still maintains a close commonality with the MB-339A beginning with the 4,000 lbs (1.816 kg) thrust Viper 632-43 jet engine and many of the systems, facilitating the conversion of pilots and technicians, maintenance and logistic chain.

Main identifying characteristics are the fixed refuelling probe on the right side of the fuselage (together with BAe Hawk 120, MB-339CD is the only Trainer in the world with Air-to-Air refuelling capability), stretched nose with landing light (originally planned to host a laser rangefinder, later not installed) and RWR antennas on the fin. But the most important differences are inside, starting from the Martin Baker IT-10LK ejection seats, slightly different from those installed on MB-339A, and a radical cockpit redesign.

MIL-STD-1553B data bus connects all the avionics components to a Mission Computer which processes data coming from multiple sensors such as Air Data Computer (temperature, pressure and humidity), gyro laser inertial platform with integrated GPS receiver, Engine and System Data Acquisition Box (engine operating parameters and monitoring of its systems), Store Management System, navigation

La MM54544 è nato nel 1986 come MB-339A, quindi utilizzato come "variante Marte" e poi convertito nel dimostratore dell'MB-339CD nel 1997. Infine aggiornato in MB-339CD2 nel 2008 con la matricola MMX606. (archivio Aermacchi)

MM54544 was born in 1986 as MB-339A, then used as "Marte variant" and later transformed in MB-339CD demonstrator in 1997. Finally it was updated in MB-339CD2 in 2008 with serial MMX606. (archive Aermacchi)

Venegono, 24 settembre 2008. Volo prova del CSX55063 dopo l'aggiornamento alla versione MB-339CD2. (archivio Aermacchi)

Venegono, September 24th, 2008. Test flight of CSX55063 after its upgrade at MB-339CD2. (archive Aermacchi)

L'acquisizione del bersaglio e la determinazione della corretta soluzione di tiro, sia essa Aria-Aria o Aria-Suolo, è demandata direttamente al Mission Computer, men-

and communication systems. Target acquisition and firing solution determination, both Air-to-Air or Air-to-Ground, is directly demanded at the Mission

Al termine dell'aggiornamento a MB-339CD2, l'aereo è sottoposto ad una serie di controlli molto accurati sia a terra che in volo. Nella foto il CSX55063 a Venegono il 24 settembre 2008. (archivio Aermacchi)

After the MB-339CD2 upgrade, the aircraft must pass trough very accurate checks both on ground and in flight. In the picture CSX55063 at Venegono on September 24th, 2008. (archive Aermacchi)

tre la selezione ed il rilascio dei carichi sono controllati dallo Store Management System, visualizzato sugli MFD (Multi Function Display, schermi multifunzione). Come nei moderni aerei operativi è previsto un sistema di trasferimento dati su cartuccia sia per caricare il profilo di missione che per registrare i parametri del volo, compreso quanto visualizzato sugli HUD (Head-Up Display).

Questa mole di dati è presentata in maniera identica in entrambi gli abitacoli attraverso tre MFD a colori completamente intercambiabili ed un HUD. Le modalità di funzionamento principali sono selezionabili tramite controlli HOTAS (Hands On Throttle And Stick, cioè senza togliere le mani da manetta e barra).

L'MB-339CD è equipaggiato con una suite da guerra elettronica comprendente un RWR (Radar Warning Receiver), un lanciatore di Chaff/Flares e può trasportare un pod ECM (Electronic CounterMeasures).

L'aereo trae pieno vantaggio dall'esperienza accumulata in oltre 600.000 ore di volo di tutte le precedenti versioni di MB-339, in uso con nove Forze Aeree e sotto ogni condizione operativa e climatica. Il prototipo ha effettuato il primo volo il 24 aprile 1996 e l'AM ne ha ricevuti 30 esemplari, consegnati in due lotti costruttivi tra dicembre 1996 e novembre 2004, di cui 28 in servizio al 2013.

Le prestazioni offerte dall'aereo, il moderno allestimento del cockpit, le sue capacità di navigazione/attacco e l'integrazione con sistemi d'arma moderni, compresi ordigni guidati di precisione, fanno dell'MB-339CD un formidabile Addestratore Avanzato LIFT (Lead-In Fighter Training, spesso chiamato Pre-operativo in ambito ae-

Computer while weapons selection and release are controlled by Store Management System. All the needed information are displayed on the MFDs (Multi Function Display).

Similarly of modern combat aircraft a cartridge data transfer system is available to load mission profile and to record flight data, including those displayed on the HUDs (Head-Up Display). This large amount of information is identically displayed to each pilot through three fully customizable color MFD and a wide-angle HUD. Operating modes are selectable by HOTAS (Hands On Throttle And Stick) controls.

The MB-339CD is equipped with an electronic warfare suite including a RWR (Radar Warning Receiver), a Chaff/Flares dispenser and can carry an ECM (Electronic Counter Measures) pod.

The airplane takes full advantage of the experience accumulated over 600,000 flight hours of all MB-339 previous versions, in nine Air Forces and under every operational and environmental condition.

The prototype made its maiden flight on April 24th, 1996 and Aeronautica Militare received 30 planes in two batches. 28 are currently flying in 2013, two have been lost.

Aircraft performance, modern cockpit layout, navigation/attack capabilities and integration with up-to-date weapon systems, including precision guided munitions, make the MB-339CD a formidable LIFT (Lead-In Fighter Trainer) to work alongside the two-seat versions of the latest generation fighters at the

L'MB-339CD MM55077 al rientro da una missione a fuoco su un poligono della Sardegna, notare i pod con la "Sharkmouth". (foto G. L. Onnis)

MB-339CD MM55077 coming back for landing from the Sardinia's shooting range, note the "Sharkmouth" painted on pods. (photo G. L. Onnis)

Anche i voli prova sono occasione per saggiare le doti acrobatiche dell'MB-339. Nella foto l'MB-339CD MM55064 sulla campagna varesotta nel 1997. (archivio Aermacchi)

Even the test flights are an opportunity to check the MB-339 acrobatic capabilities. In the picture MB-339CD MM55064 over Varese countryside in 1997. (archive Aermacchi)

La linea di assemblaggio finale degli MB-339CD a Venegono sul finire degli anni 90. (archivio Aermacchi)

MB-339 CD final assembly line at Venegono in late Nineties'. (archive Aermacchi)

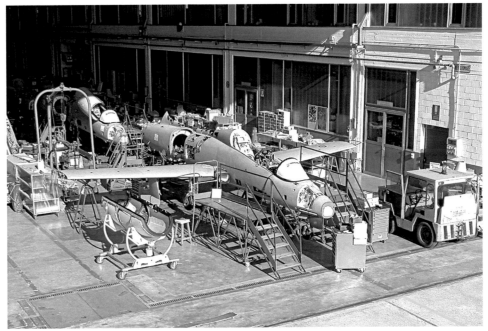

L'MB-339CD 61-142 MM55074 sulla linea volo di Galatina il 14 settembre 1998 in attesa di una nuova missione addestrativa. (foto F. Anselmino)

MB-339CD 61-142 MM55074 on Galatina flight line on September 14th, 1998 waiting for a new training mission. (photo F. Anselmino)

MB-339A MM54439, codici RS-41, in carico al 311° Gruppo del Reparto Sperimentale Volo, Pratica di Mare, Settembre 1981.

MB-339A MM54439, coded RS-41, assigned to 311th Gruppo, Pratica di Mare Experimental Test Unit, September 1981.

MB-339A, MM54451, codici 14-31, in carico all'8° Gruppo del 14° Stormo, Pratica di Mare, Maggio 1985.

MB-339A, MM54451, coded 14-31, assigned to 8th Gruppo, 14th Stormo based in Pratica di Mare, May 1985.

MB-339A, MM54540, codici 61-77, in carico al 61° Stormo, Galatina, anno 1997 circa.

MB-339A, MM54540, coded 61-77, assigned to 61st Stormo, Galatina, year 1997 circa.

MB-339A, MM54472, codici 61-30, in carico alla 653ª Squadriglia Collegamenti del 53° Stormo, Cameri 1997.

MB-339A, MM54472, coded 61-30, assigned to 53rd Stormo, 653rd Squadriglia Collegamenti, Cameri 1997.

MB-339CD, MM55086, codici 61-156, in carico al 61° Stormo, Galatina, Maggio 2008.

MB-339CD, MM55086, coded 61-156, assigned to 61st Stormo, Galatina, May 2008.

MB-339CD, MM55070, codici 36-12, in carico al XII Gruppo del 36° Stormo, Gioia del Colle, Febbraio 2006.

MB-339CD, MM55070, coded 36-12, assigned to XII Gruppo, 36th Stormo, Gioia del Colle, February 2006.

MB-339A, aggiornamento MLU, MM54493, codici 51-71, in carico alla 651ª Squadriglia Collegamenti del 51° Stormo, Istrana, Dicembre 2008

MB-339A, MLU update, MM54493, coded 51-71, assigned to 51st Stormo, 651st Squadriglia Collegamenti, Istrana, December 2008

MB-339PAN, aggiornamento MLU, Pony 10, in carico al 313° Gruppo Addestramento Acrobatico, "Frecce Tricolori", Rivolto, Ottobre 2010.

MB-339PAN, MLU update, Pony 10, assigned to 313th Gruppo Addestramento Acrobatico, "Frecce Tricolori", Rivolto, October 2010.

Una coppia di MB-339CD2 in formazione a bassa quota sulla costa leccese il 14 settembre 2005. (archivio E. Busnelli)

A pair of MB-339CD2 in formation at low altitude over south Apulia coast on September 14th, 2005. (archive E. Busnelli)

Gli MB-339CD2 61-155 MM55085 e 61-150 MM55080 in volo a bassa quota verso il poligono aria-suolo di Punta della Contessa (BR) il 30 agosto 2007. Agganciati alle semiali i pod cannone DEFA 553 cal. 30 mm. (archivio E. Busnelli)

MB-339CD2 61-155 MM55085 and 61-150 MM55080 flying at low altitude towards air-to-ground range at Punta della Contessa, south Apulia, on August 30th, 2007. DEFA 553 cal. 30 mm gunpods are bolted at both wings. (archive E. Busnelli)

ronautico) da affiancare alle versioni biposto degli aerei di ultima generazione presenti alle OCU (Operational Conversion Unit), un efficace vettore d'attacco contro bersagli terrestri e navali ed un prezioso assetto per limitati compiti di Difesa Aerea nei confronti di velivoli leggeri o elicotteri (Slow Movers Interceptor).

Il programma LIFT attuato dall'Aeronautica Militare al 61° Stormo è tra i più avanzati al mondo e permette di fornire ai Piloti Militari destinati alla linea aerotattica un addestramento efficace, realistico ed allineato con i recenti scenari e standard internazionali, risparmiando preziose ore di volo su macchine più complesse.

Gli aerei del primo lotto (MB-339CD1) non avevano l'allestimento avionico completo, così tra il 2008 ed il 2009 tutti gli aerei sono stati portati alla configurazione definitiva (MB-339CD2). Il 13 ottobre 2008 ha volato il primo MB-339CD2 aggiornato ad uno standard avionico più avanzato comprendente l'Embedded Tactical Simulator System, DMG (Digital Map Generator, la mappa digitale), nuove radio ed IFF, Crash Data Recorder, radiolocalizzatore d'emergenza (Emergency Locator Transmitter) e reso compatibile con gli NVG (Night Vision Goggles). Tutti gli MB-339CD del primo lotto sono stati modificati alla configurazione CD2 entro il 2009.

L'MB-339CD ha la possibilità di utilizzare sei punti d'attacco subalari per una grande varietà di carichi. Ol-

OCU (Operational Conversion Unit) Squadrons, an effective attack vector against land and naval targets and a valuable asset for limited Air Defense tasks facing light aircraft or helicopter (Slow Movers Interceptor).

Aeronautica Militare 61st Stormo LIFT program is among the most advanced in the world and provide a realistic and effective training for those pilots destined to fighter/bomber jets, in line with the latest standards and international scenarios, saving precious flight hours on more complex and expensive airplanes.

First batch aircraft (often called MB-339CD1) had the avionics suite only partially developed, so between 2008 and 2009 all the planes have been updated to the fully operational capability, known as MB-339CD2.

On October 13th, 2008 first MB-339CD made its maiden flight. This standard incorporates the Embedded Tactical Simulator System, a Digital Map Generator, new radios and IFF, Crash Data Recorder, Emergency Locator Transmitter and is NVG-compatible. Among its class, the MB-339CD can carry a large range of external loads. In addition to those already certified for the MB-339A, inventory includes Hughes AGM-65 Maverick Air-to-Ground guided missiles, OTO Melara Marte Mk.2A Anti-

L'MB-339CD 61-144 MM55076 in volo verso il poligono aria-suolo di Punta della Contessa (BR) nel settembre 1999. Agganciati alle semiali i pod cannone DEFA 553 cal. 30 mm ed i dispenser Aerea BRD-4-250. (archivio E. Busnelli)

MB-339CD 61-144 MM55076 flying towards air-to-ground range at Punta della Contessa , south Apulia, on September 1999. Underneath the wings DEFA 553 cal. 30 mm gunpods and Aerea BRD-4-250 dispensers. (archive E. Busnelli)

Il XII Gruppo del 36° Stormo è stato incaricato del ruolo Slow Movers Interceptor dal 2004 al 2007. L'MB-339 36-11 MM55073 è rappresentativo della configurazione adottata. Notare gli stemmi del Gruppo. (archivio Aermacchi)

36th Wing XII Squadron was assigned the Slow Movers Interceptor role from 2004 to 2007. MB-339 36-11 MM55073 is showing the configuration adopted. Note the Squadron insigna. (archive Aermacchi)

Una bella immagine dell'MB-339CD 61-134 MM55068 in virata sopra la città di Lecce (archivio Aermacchi)

A beautiful picture of MB-339CD 61-134 MM55068 over city of Lecce, south Apulia. (archive Aermacchi)

tre a quanto già certificato per l'MB-339A, l'inventario prevede missili Aria-Suolo Hughes AGM-65 Maverick, missili antinave Oto Melara Marte Mk.2A, pod di designazione bersagli FLIR (Forward Looking Infra-Red) ed il nuovo pod AACMI (Autonomous Air Combat Manoeuvring Instrumentation) per i poligoni elettronici Aria-Aria e Aria-Suolo.

Caratteristica chiave dell'MB-339CD2 e cuore del programma addestrativo LIFT è l'Embedded Tactical Simulator System che consente di simulare una completa suite elettronica (radar, JTIDS/MIDS Link 16, RWR, MWR, Chaff/Flares dispenser), supporto elettronico esterno (AWACS, GCI), elementi Friendly, Hostile o neutrali, minacce tipiche di uno scenario complesso (Fighters, SAM, AAA), assetti di supporto come tankers, Combat SAR e aeromobili da trasporto con un realismo ed un ritorno addestrativo impossibile se non con il costoso dispiegamento di centinaia di mezzi reali in esercitazioni multinazionali. Una volta che l'Embedded Tactical Simulator è attivato, le azioni compiute dal pilota interagiscono con lo scenario virtuale che cambia di conseguenza, generando la relativa simbologia su MFD e HUD. Lo scenario è programmabile a terra ed aggiornabile in volo dall'istruttore per conseguire i fini addestrativi previsti. L'Aermacchi ha sviluppato una versione da esportazione sostanzialmente identica nota come FD (Full Digital), che finora non ha ricevuto ordini.

Ship missiles, FLIR (Forward Looking Infra-Red) designation pod and brand new AACMI (Autonomous Air Combat Manoeuvring Instrumentation) pod for Air-to-Air and Air-to-Ground electronic ranges.

MB-339CD2 key function and LIFT training program's heart is the Embedded Tactical Simulator System that simulates a full onboard advanced electronic suite (A-A/A-G radar, JTIDS/MIDS Link 16, MWR) with the capability to generate virtual elements such as external electronic support (AWACS, AEW, GCI), multiple threats typical of a complex scenario (Fighters, SAM, AAA), support assets (tankers, Combat SAR and cargo aircraft) and wide spectrum of friendly, hostile, neutral air and ground targets. The system allows an incredible realism and a training effectiveness impossible if not with the expensive deployment of hundreds of units in large multinational exercises. Once the Embedded Tactical Simulator is activated, actions performed by the pilot interact with the virtual scenario that changes accordingly, generating the related symbology on MFD and HUD. The scenario is programmable on ground and upgradable in flight by the instructor to achieve the desired instructional purposes.

Aermacchi developed an export version of MB-339CD, basically identical and named MB-339FD (Full Digital), which so far has not received any order.

Il capo formazione di una coppia di MB-339CD visto attraverso l'Head-up Display del gregario, in volo ad alta quota verso il poligono aria-aria di Decimomannu nel settembre 1999. (archivio E. Busnelli)

Leader of a pair of MB-339CD seen through the wingman Head-up Display, flying at high altitude towards Decimomannu air-to-air range, Sardinia, on September 1999. (archive E. Busnelli)

MB-339A/MLU

MB-339A/MLU

L'MB-339A era stato progettato per una vita utile di 20 anni o 10.000 ore di volo. In realtà, nonostante l'intenso utilizzo, le prime cellule ad essere radiate avevano superato abbondantemente questi limiti, senza apparenti segni di fatica strutturale o particolari difetti, permettendo di raddoppiare le ore di volo istruzionali presso il 61° Stormo. La macchina si è dimostrata molto più longeva del previsto, ha superato le specifiche di progetto, funziona bene, non ha mai evidenziato particolari problematiche,

The MB-339A was designed for a life cycle of 20 years or 10,000 flight hours. In fact, despite the intense use, first airframes to be written off had widely exceeded these limits, with no apparent sign of structural fatigue or particular defects, allowing the 61st Stormo to double the instructional flight hours. The plane has proved to be much more long-lived than expected, exceeded design specifications, works fine, has never shown any particular problem, but

Una bella immagine dell'MB-339A/MLU 61-13 MM54549 durante un volo acrobatico sulla costa salentina il 24 giugno 2006. (archivio E. Busnelli)

A beautiful picture of MB-339A/MLU 61-13 MM54549 during an acrobatic flight over south Apulia coastline on June 24th, 2006. (archive E. Busnelli)

L'MB-339A/MLU 61-70 MM54518 in volo ad alta quota. Curiosamente, dopo l'aggiornamento l'aereo ha mantenuto i serbatoi ellittici. (archivio Aermacchi)

MB-339A/MLU 61-70 MM54518 flying at high altitude. Curiosly, after the upgrade the airplane retained the elliptical fuel tanks. (archive Aermacchi)

L'MB-339A/MLU 61-106 durante l'apertura prima dell'atterraggio a Decimomannu. (foto G. L. Onnis)

MB-339A/MLU 61-106 during crosswind break before landing in Decimomannu. (photo G. L. Onnis)

ma soprattutto presenta un'efficienza linea ed una disponibilità giornaliera ai Reparti incredibilmente superiore ad ogni più rosea previsione, ponendo la linea MB-339 tra i leader mondiali di mercato in quanto ad affidabilità e ritorno costo/efficacia.

Questa situazione ha permesso nel 2001 all'Aeronautica Militare di lanciare un programma di aggiornamento definito Mid-Life Update a partire dagli MB-339A/PAN, poi esteso agli esemplari più giovani di MB-339A, che ha interessato un totale di 50 cellule, con l'obbiettivo di estenderne la vita a 30 anni o 15.000 ore di volo. L'aggiornamento è avvenuto in occasione della revisione generale IRAN e l'intero programma si è concluso nel 2009. Da allora non ci sono più MB-339A della prima generazione in linea e rimangono 48 MLU in servizio al 2013, compresi gli aerei assegnati alle Frecce Tricolori.

La trasformazione verte essenzialmente sull'integrazione di nuovi apparati radio, di navigazione, GPS integrato allo RNAV, luci di formazione a bassa intensità (Slime Lights), Crash Recorder e radiofaro d'emergenza ELT. Dal punto di vista strutturale, è stata aumentata la resistenza alla corrosione grazie all'adozione di materiali moderni, sono stati aggiunti nuovi pannelli di ispezione sul raccordo ala-fusoliera, sono stati realizzati diversi miglioramenti dell'impianto elettrico e revisionate le normative tecniche che hanno stabilito un nuovo standard manutentivo che l'Aeronautica vuole adottare su scala generalizzata.

especially it grants an efficiency and a daily availability incredibly exceeding all expectations, placing the MB-339 fleet among the world leaders in terms of reliability and cost/effectiveness.

This situation allowed Aeronautica Militare to launch in 2001 an upgrade program called Mid-Life Update. Starting with the MB-339A/PAN version, later extended to younger MB-339A, the program involved 50 airframes with the aim to extend useful life to 30 years or 15,000 flight hours.

The update was applied during the IRAN (Inspection and Repair As Necessary) main overhaul and whole program ended in 2009. Since then, there are no more first generation MB-339A registered and 48 MLU (including the PAN) are currently flying in 2013, two have been lost.

The transformation focuses primarily on integration of new radio and navigation equipment, RNAV-integrated GPS, low intensity formation lights (Slime Lights), Crash Data Recorder and Emergency Locator Transmitter. Corrosion resistance was increased thanks to new materials, inspection panels were added on wing/fuselage fairing, several improvements of the electrical system were made and revised technical regulations set air force's new maintenance standards, going to be adopted on large scale.

Le Frecce Tricolori e l'MB-339

The MB-339 and the Frecce Tricolori

I vertici dell'Aeronautica Militare cominciarono a pensare ad un nuovo aereo per le Frecce Tricolori già nel 1975, con il quale sostituire il G.91PAN in servizio dal 1964, ma solamente nel luglio 1981 fu selezionato l'MB-339, poiché in quegli anni si era formata una certa propensione ad adottare l'AMX, qualora fosse stato disponibile entro tempi brevi (cosa che non avvenne). Un'apposita commissione tecnica valutò le modifiche da applicare per il ruolo specifico, sostanzialmente l'installazione dell'impianto fumogeno recuperato dai G.91 con relativi controlli e l'adozione dei suoi serbatoi subalari, in attesa di disporre dei nuovi serbatoi misti (olio per fumogeni e carburante). La consegna del primo MB-339A/PAN avvenne il 6 gennaio 1982 sull'aeroporto di Rivolto (UD) al 313° Gruppo Addestramento Acrobatico Frecce Tricolori, con una previsione di utilizzo di 30-35 anni.
Le più basse velocità di esecuzione delle manovre permesse dall'MB-339 e la superiore manovrabilità assicu-

Aeronautica Militare top ranks began to imagine a new Frecce Tricolori airplane in 1975 to replace the Fiat G.91PAN, on duty since 1964. Only in 1981 the MB-339 was selected because part of the military and industry hoped to adopt the Aeritalia (later Alenia) AMX, but wasn't available for many years on.
A technical committee evaluated the changes to apply at the basic MB-339 for the specific role, basically the installation of G.91-era smoke generator system, related controls and auxiliary wing tanks, waiting for the new two-compartments fuel-oil tanks to compensate the removal of wing tip tanks. First MB-339A/PAN was delivered on January 6th, 1982 at Udine Rivolto airport at 313th Gruppo Addestramento Acrobatico Frecce Tricolori (313th Acrobatic Training Squadron), with an expected life cycle of 30-35 years.

Uno dei primi MB-339A/PAN assegnati alle Frecce Tricolori nel 1982, ripreso insieme a due MB-339A durante l'addestramento intensivo di piloti e specialisti prima della consegna ufficiale. (archivio Aermacchi)

One of the first MB-339A/PAN assigned to Frecce Tricolori in 1982, shown together with two MB-339A during pilots and technical staff intensive training prior of the official delivery. (archive Aermacchi)

Pony 5, l'aereo del 2° Gregario destro, ripreso nel 1982 sulle Alpi insieme a due MB-339A durante il ciclo intensivo di prove prima della consegna alle Frecce Tricolori. (archivio Aermacchi)

Pony 5, 2nd Right Wingman's plane, shown in 1982 over the Alps together with two MB-339A during the intensive testing cycle before the official delivery to the Frecce Tricolori. (archive Aermacchi)

Pony 5 durante un volo prova nell'inverno 1982. (archivio Aermacchi)
Pony 5 during a test flight in winter 1982. (archive Aermacchi)

ravano evidenti vantaggi di spettacolarità, a cominciare da esibizioni più lunghe e vicine al pubblico, e di utilizzo, quali migliorata affidabilità, possibilità di trasportare lo specialista nel posto posteriore, nessuna necessità del parafreno, maggiore autonomia con conseguente più ampie possibilità di rischieramento.

Le caratteristiche di manovrabilità a bassa velocità/alta incidenza consentirono al solista (all'epoca il Cap. Gian Battista Molinaro) di sperimentare figure del tutto inedite per un jet, quali il volo folle (Crazy Flight) ed il Lomçovák (ballo dell'ubriaco). Gli assetti inusuali sviluppati in quest'ultima manovra richiesero un supplemento di sperimentazione da parte dell'Aermacchi, che utilizzò per le prove il primo prototipo I-NOVE. Proprio durante uno di questi voli, il 14 giugno 1982, il Capo Collaudatore dell'Aermacchi Riccardo Durione ed il Cap. Molinaro furono costretti a lanciarsi senza conseguenze a causa di un flame-out (spegnimento accidentale) non recuperato, non prima di aver accompagnato in planata l'I-NOVE a distruggersi in una torbiera.

La nuova formazione delle Frecce Tricolori venne ufficialmente presentata il 27 aprile 1982 e si esibì per la prima volta a Gioia del Colle (BA) a metà luglio, temporaneamente in formazione di 9 aerei, senza il solista. La prima presentazione all'estero in formazione completa "9+1" avvenne nel 1983 a Linköping, in Svezia.

Lower maneuver speeds and higher maneuverability granted greater spectacular nature, starting with longer airshows and closer to the public, better reliability, capability to carry the Specialista (maintenance technician) in the rear seat, no need of drag chute, increased range with more Countries to reach. Low speed/high AOA maneuverability characteristics allowed the Solo (Cpt. Gian Battista Molinaro) to draw new figures quite unusual for a jet plane, such as the Crazy Flight and the Lomçovák ("drunken dance" in Czech).

Unusual attitudes developed in this maneuver requested additional test flights directly at Aermacchi which used for the tests the prototype I-NOVE. It was during one of these flights, on June 14th, 1982, that Aermacchi Chief Test Pilot Riccardo Durione and Cpt. Molinaro were forced to eject due to a flame out not recovered. The pilots left the plane with no consequences just few seconds prior to crash in a peat quarry.

New Frecce Tricolori formation was officially presented on April 27th, 1982 and performed for the first time at Gioia del Colle on July, temporarily with 9 planes, without the Solo. First abroad air show with 10-members full formation was in 1983 at Linköping, Sweden.

La formazione 2009 durante un volo di addestramento con gli MB-339A/PAN MLU. Notare la presenza di un secondo pilota su almeno due aerei. (archivio Aermacchi)

2009 formation during a training flight with MB-339A/PAN MLU. Note the presence of a second pilot on at least two airplanes. (archive Aermacchi)

Le Frecce Tricolori al Dubai Air Show nel 2009. Proprio a seguito di quell'evento, il governo emiratino decideva la costituzione della formazione acrobatica Al Fursan. (archivio Aermacchi)

Frecce Tricolori at Dubai Air Show in 2009. As a direct result of that event, emirates government decided to form the Al Fursan acrobatic team. (archive Aermacchi)

La celeberrima apertura della Bomba, inimitabile figura acrobatica delle Frecce Tricolori. (foto F. Anselmino)

The well famous Bomb break, unique Frecce Tricolori acrobatic maneuver. (photo F. Anselmino)

Ancora la Pattuglia Acrobatica Nazionale durante una esibizione lungo uno dei tanti litorali della Penisola. (foto Aermacchi)

Another seaside exhibition for the National Aerobatic Team along the Italian peninsula. (Aermacchi photo)

44

Il perfetto allineamento della formazione è curato anche al suolo, non solo in volo. In evidenza la luce di formazione a bassa intensità (slime light) e le piccole alette anti-scorrimento. (archivio Aermacchi)

The perfect formation alignment is also searched on ground, not only in flight. Note the low intensity formation light (slime light) and the mini fences. (archive Aermacchi)

Nel corso del 1984 si rilevò che l'affaticamento medio delle cellule era quattro volte più gravoso di quanto calcolato. Nel caso del solista era addirittura ben 17 volte più gravoso, con una vita sicura della macchina di sole 1.300 ore, contro le 5.200 ore del resto della formazione. Si decise pertanto la rotazione annuale dell'aereo del Solista, il n° 10. Nel 1985 si sostituirono le obsolete e pesanti valvole fumogene ereditate dal G.91 con altre di tipo più moderno e si integrarono i nuovi serbatoi d'estremità alare da 410 kg (520 l) grazie ai quali si raggiunse l'autonomia necessaria per attraversare l'Oceano Atlantico e rendere possibile il memorabile tour in Nord America dall'11 luglio al 16 settembre 1986, la più impegnativa missione nella storia delle Frecce Tricolori, con 23 esibizioni e 11 manifestazioni davanti a più di quattro milioni di spettatori.

Il 28 agosto 1988, sulla base dell'USAF di Ramstein, in Germania, si verificò il terribile incidente durante l'esibizione della PAN che costò la vita a 67 spettatori ed a 3 piloti della formazione, il T.Col. Mario Naldini (Capo Formazione), il T.Col. Ivo Nutarelli (Solista) ed il Cap. Giorgio Alessio (1° Gregario sinistro). L'enorme impatto sull'opinione pubblica riaccese le pulsioni pacifiste e antimilitariste, con conseguenti pesanti limitazioni nelle esibizioni acrobatiche. Solo nel maggio 1990 la PAN ri-

During 1984 technical checks revealed an airframe average fatigue four times heavier than calculated. The Solo plane was incredibly 17 time worse, with a life cycle of only 1,300 flying hours versus the 5,200 hours of the remaining formation planes. That leaded to rotate the Solo plane (number 10) on year basis.

In 1985 the old and heavy smoke valves inherited from the G.91 were replaced with others lighter and more reliable. With the brand new 410 kg (520 l) wing tip tanks was possible to reach the endurance needed to cross the Atlantic Ocean and make possible the memorable North America tour from July 11th to September 16th, 1986, the longest and challenging mission in the Frecce Tricolori history, with 23 fly-by and 11 airshows in front of more than four million people.

On August 28th, 1988 at Ramstein USAFE AB, in Germany, a terrible accident during the Frecce Tricolori display killed 67 people and 3 pilots: Lt. Col. Mario Naldini (Leader), Lt. Col. Ivo Nutarelli (Solo) and Cpt. Giorgio Alessio (1st Left Wingman). Huge impact on public opinion reignited pacifist and anti-militarist drives resulting in severe limitations in the acrobatic airshows. Only on May 1990 Frecce Tricolori were able to resume public performances

Il servizio tecnico del 313° Gruppo si occupa della manutenzione degli MB-339 fino all'ispezione intermedia (di 2°
livello). Nella foto il grande hangar sull'aeroporto di Rivolto
nel 1998. (archivio F. Anselmino)

*313rd Gruppo tecnical branch is responsible for MB-339
maintenance up to the intermediate inspection (also known
as 2nd level). In the picture the large hangar at Rivolto
airport in 1998. (archive F. Anselmino)*

Un aggressivo primo piano di Pony 10, l'aereo del Solista,
ripreso a Grosseto nel 1999. E' evidente l'ottima visibilità di
cui gode il pilota. (foto F. Anselmino)

*An aggressive close-up of Pony 10, the Solo's plane, taken
at Grosseto in 1999. Note the amazing visibility enjoyed by
the pilot. (photo F. Anselmino)*

Il passaggio finale di ogni esibizione delle Frecce Tricolori è stato definito "il più grande tricolore del mondo", fonte di emozione ed orgoglio per ogni italiano. (foto C. Col)

Final fly-by of every Frecce Tricolori's exhibition has been called "the largest Italian flag in the world", source of excitement and pride for every Italian. (photo C. Col)

prese le esibizioni pubbliche e le limitazioni più gravose furono abolite. Permangono tuttora il divieto di sorvolo del pubblico e l'aumento della distanza di sicurezza che, nonostante diminuiscano la spettacolarità della presentazione ed abbiano costretto la Pattuglia a ridisegnare la sequenza delle manovre, riducono drasticamente le probabilità che si ripeta un incidente come Ramstein.

L'MB-339A/PAN si differenzia dalla versione standard per la rimozione delle Tip Tank, l'impiego generalizzato degli speciali serbatoi subalari contenenti olio per fumogeni e carburante ai piloni 3 e 4 con relative tubature (a destra il bianco e a sinistra il colorato: verde per i Gregari di destra e rosso per i Gregari di sinistra), l'installazione del pannello di controllo dei fumogeni sulla console destra, due spie indicatrici del flusso (una per il bianco ed una per il colorato) ai lati del supporto del collimatore ed il pulsante di attivazione dei fumogeni sulla manetta motore. Rimane invariata la possibilità di utilizzare i serbatoi subalari da 260 kg (330 l) ai piloni 2 e 5, così come quelli d'estremità alare da 410 kg (520 l) per i lunghi voli di trasferimento. Gli MB-339A/PAN consegnati inizialmente alle Frecce Tricolori sono stati rimpiazzati ed integrati nel corso degli anni da alcuni esemplari di MB-339A convertiti ed attualmente sono tutti aggiornati allo standard MLU (Mid-Life Update).

and the more onerous restrictions were lifted.

No-fly zone over the public and increased safety distances are still in force today. Despite those restrictions reduced people's involvement and forced the Frecce Tricolori to redraw the entire maneuvers sequence, they drastically decreased the chances that an accident such as Ramstein could repeat.

MB-339A/PAN differs from standard A-version for the wing tip tanks removal and their replacement with aerodynamic fairings, generalized use of special wing pylon tanks containing oil for smoke generating system and fuel (white smoke at station 3 and colored at 4: green for Right Wingmen, red for Left Wingmen), related controls on right console in the front cockpit, two oil flow lights (white and colored) near to gunsight strut and smoke activation button on engine throttle.

Remains unchanged the capability of using 260 kg (330 l) wing pylon fuel tanks at stations 2 and 5 as well as 410 kg (520 l) wing tip fuel tanks for long ferry flights.

Delivered airplanes at the beginning have been replaced and integrated over the years by some MB-339A converted in PAN and at present they are all updated to MLU (Mid-Life Update) version.

Special Color

Nel 1996 i cinquant'anni del 61° Stormo furono celebrati a Galatina con la MM54533. (entrambe le foto F. Anselmino)

61st Stormo fiftieth anniversary was celebrated in Galatina using MM54533. (both pictures F. Anselmino)

Ripreso ad Istrana questo MB-339A fu così dipinto dal 214° Gruppo Istruzione Professionale, del 61° Stormo, per ricordare il centenario del 1° volo dei fratelli Wright. (foto archivio F. Anselmino)

This MB-339 taken in Istrana was painted by 61st Stormo 214th Gruppo Istruzione Professionale to commemorate Wright Bros. Centennial of Flight. (photo archive F. Anselmino)

In occasione del Raduno organizzato dal 61° Stormo il 10 settembre 2006 sull'aeroporto di Galatina fu presentato questo MB-339A MM54513 così dipinto per celebrare i 60 anni di attività del reparto scuola iniziata nel 1946 con la denominazione di "Scuola di Volo delle Puglie". (foto C. Toselli)

September 10th, 2006 saw this MB-339A MM54513 painted in this way for 61st Stormo gathering in Galatina; the occasion was the 60th Anniversary of the Flying Unit, established in 1946 and called "Scuola di Volo delle Puglie". (photo C. Toselli)

I novant'anni del XII Gruppo furono celebrati a Gioia del Colle nel 2007 e la ricorrenza fu l'occasione per realizzare questo bellissimo special color, un MB-339CD (MM55070) che riprendeva il simbolo del Gruppo, cioè il Cavallino Rampante, già emblema di Francesco Baracca e l'arco e la freccia rossi simbolo della caccia. (entrambe le foto C. Toselli)

XII Squadron 90th Anniversary was held in Gioia del Colle ItAFB in 2007, and this event was celebrated beautifully painting this MB-339CD (MM55070) using Squadron heraldry, such as Italian Ace Francesco Baracca prancing horse and the bow and arrow, Italian fighter pilots emblem. (both pictures C. Toselli)

Prototipi e dimostratori non prodotti in serie /
Prototypes and Demonstrators not produced in series

Un dimostratore (I-MABX, ex secondo prototipo I-NINE MM589), utilizzato nel 1980 per le prove del più potente motore Viper 680-43 montato sull'MB-339K ed in seguito sull'MB-339B e MB-339C. (foto archivio F. Anselmino)

A demonstrator (I-MABX, former second prototype I-NINE MM589), used in 1980 for trials of more powerful Viper 680-43 engine installed on MB-339K and later on MB-339B and MB-339C. (photo F. Anselmino archive)

Un prototipo (I-BITE MM236), primo volo 30 maggio 1980. Versione monoposto ottimizzata per l'attacco al suolo, con motore Viper 680-43, maggiore autonomia, avionica dedicata, due cannoni DEFA 553 cal. 30 mm in sistemazione interna e più ampia combinazione di armamento Aria-Suolo. (foto Aermacchi)

A prototype (I-BITE MM236), first flight May 30th, 1980. Ground attack single-seat version, with Viper 680-43 engine, greater endurance, dedicated avionics, two 30 mm cal. DEFA 553 cannons in internal mounting and a wider range of Air-to-Ground weapons. (photo Aermacchi)

Un dimostratore (I-GROW, già X607), ottenuto per conversione dell'MB-339A MM54502 nel 1986. Addestratore con maggiore capacità d'attacco al suolo e motore Viper 680-43. (foto Aermacchi)

A demonstrator (I-GROW, former X607), obtained converting MB-339A MM54502 in 1986. Trainer with increased ground attack capabilities and Viper 680-43 engine. (photo Aermacchi)

Un prototipo (I-AMDA), realizzato nel 1985 di proprietà Aermacchi. Le lettere dell'immatricolazione stanno per "Aer Macchi Digital Avionics". Addestratore Avanzato con avionica digitale e motore Viper 680-43. Nel 1988 ha effettuato un tour dimostrativo in Malesia, Singapore, Tailandia, Filippine e Australia, suscitando il vivo interesse della Nuova Zelanda. (foto Aermacchi)

A prototype (I-AMDA), built in 1985 and property of Aermacchi. Registration letters mean "Aer Macchi Digital Avionics". Advanced Trainer with digital avionics and Viper 680-43 engine. In 1988 carried out a demonstration tour in Malaysia, Singapore, Thailand, Philippines and Australia, turning on keen interest of New Zealand. (photo Aermacchi)

Un dimostratore (I-TRON), convertito in MB-339CB per la Nuova Zelanda con matricola NZ6462. (foto Aermacchi)

A demonstrator (I-TRON), later converted in MB-339CB for New Zealand with serial NZ6462. (photo Aermacchi)

Due dimostratori. I-RAIB (in seguito N339L) ottenuto per conversione dell'MB-339AA 4-A-119 e I-GROW, ottenuto per conversione del dimostratore MB-339B. Proposti in collaborazione con Lockheed al Department of Defense USA dal 1991 al 1997 per il concorso JPATS. (foto Aermacchi)

Two demonstrators. I-RAIB (later N339L) obtained converting argentine MB-339AA 4-A-119 and I-GROW obtained converting MB-339B demonstrator. Proposed in joint venture with Lockheed from 1991 to 1997 for US Dept. of Defense JPATS competition. (photo Aermacchi)

Un dimostratore, ottenuto per conversione dell'MB-339CD MM55062 nel 1997. Versione da esportazione dell'MB-339CD, con immatricolazione X55062. In seguito riconsegnato all'AMI. (foto Aermacchi)

A demonstrator, obtained converting MB-339CD MM55062 in 1997. Export version of MB-339CD, with registration X55062. Later returned to Aeronautica Militare Italiana. (photo Aermacchi)

Gli MB-339 all'estero / *The MB-339 abroad*

Linea di volo a Venegono con una panoramica della produzione dei "trentanove", inclusi alcuni esemplari per l'estero. (foto Aermacchi)

Venegono flight line, showing same "trentanove" both for indigenous and foreign customers. (photo Aermacchi)

Argentina - Dieci esemplari consegnati nel 1980-1981 (conosciuti come MB-339AA). Matricole da 4-A-110/0761 a 4-A-119/0770. Il 4-A-119 acquisì poi la matricola civile I-RAIB e quindi quella americana N339L per partecipare al concorso JPATS. (foto Aermacchi)

Argentina - Ten MB-339A delivered in 1980-1981 (known as MB-339AA). Serials from 4-A-110/0761 to 4-A-119/0770. 4-A-119 later obtained Italian registration I-RAIB then American N339L to take part in JPATS competition. (photo Aermacchi)

Malesia - Tredici MB-339A consegnati dal 1983 al 1985 (conosciuti come MB-339AM). Matricole da M34-01 a M34-13. Altri otto MB-339C, con avionica dell'MB-339CD2, consegnati nel 2009 (conosciuti come MB-339CM). Matricole da M34-14 a M34-21. (foto Aermacchi)

Malaysia - Thirteen MB-339A delivered from 1983 to 1985 (known as MB-339AM). Serials from M34-01 to M34-13. Others eight MB-339C, with MB-339CD2 avionics, delivered in 2009 (known as MB-339CM). Serials from M34-14 to M34-21. (photo Aermacchi)

Perù - Sedici MB-339A consegnati nel 1981-1982 (conosciuti come MB-339AP). Matricole 452, 456, 467, 468, 473, 477, da 479 a 482, da 484 a 487, 495 e 496. (foto Aermacchi)

Peru - Sixteen MB-339A delivered in 1981-1982 (known as MB-339AP). Serials 452, 456, 467, 468, 473, 477, 479-482, 484-487, 495, 496. (photo Aermacchi)

Nigeria - Dodici MB-339A consegnati nel 1985 (conosciuti come MB-339AN). Matricole da NAF301 a NAF312. Il NAF305 ebbe temporaneamente l'immatricolazione civile I-RAIA per essere presentato ai Saloni Aeronautici nel 1984. (foto sinistra Aermacchi, foto destra archivio F. Anselmino)

Nigeria - Twelve MB-339A delivered in 1985 (known as MB-339AN). Serials from NAF301 to NAF312. NAF305 temporarily obtained Italian registration I-RAIA to be displayed at 1984 european airshows. (left photo Aermacchi, right foto F. Anselmino archive)

Ghana - Quattro esemplari di MB-339A consegnati dal 1987 al 1995. Matricole da GAF800 a GAF803. (foto sinistra Aermacchi, foto destra archivio F. Anselmino)

Ghana - Four MB-339A delivered from 1987 to 1995. Serials from GAF800 to GAF803. (left photo Aermacchi, right photo F. Anselmino archive)

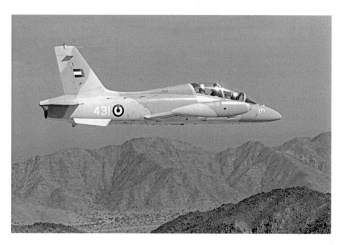

Emirati Arabi Uniti - Sette esemplari di MB-339A consegnati dal 1984 al 1992. Matricole da 431 a 437. Sei di essi sono stati convertiti in MB-339NAT per il "National Aerobatic Team Al Fursan of United Arab Emirates" nel 2010 (matricole 431, 432, 434, 435, 436 e 437), insieme a quattro MB-339A/PAN/MLU ex AM (MM54508 ora 440, MM54543 ora 438, MM54545 ora 439 e MM54456 ora 430) più due in opzione. (foto Aermacchi)

United Arab Emirates - Seven MB-339A delivered from 1984 to 1992. Serials from 431 to 437. Six of them hase been converted in MB-339NAT for "National Aerobatic Team Al Fursan of United Arab Emirates" in 2010 (serials 431, 432, 434, 435, 436 e 437) , together with four MB-339A/PAN/MLU former Aeronautica Militare italiana (MM54508 now 440, MM54543 now 438, MM54545 now 439 and MM54456 now 430) plus two in option. (photo Aermacchi)

Nuova Zelanda - Diciotto MB-339C consegnati dal 1991 al 1993 (conosciuti come MB-339CB). Matricole da NZ6460 a NZ6477. Nove di essi sono operati dal 2012 dalla Draken Int'l, Contractor dello US Dept of Defense per ruoli Adversary e sperimentazione di equipaggiamenti e tattiche. Matricole civili americane N339EM, da N341EM a N344EM, da N346EM a N349EM. (foto sinistra Aermacchi, foto destra M.Stefanoni)

New Zealand - Eighteen MB-339C delivered from 1991 to 1993 (known as MB-339CB). Serials from NZ6460 to NZ6477. Nine of them are operated since 2012 by Draken Int'l, US Dept. of Defense contractor for Adversary roles and tactics and equipment tests. US registrations N339EM, from N341EM to N344EM, from N346EM to N349EM. (left photo Aermacchi, right photo Stefanoni)

Eritrea - Sei MB-339C, ma con avionica analogica, consegnati nel 1997 (conosciuti come MB-339CE). Matricole da ERAF404 a ERAF409. (foto sinistra Aermacchi, foto destra Aermacchi/archivio F. Anselmino)

Eritrea - Six MB-339C, but with analog avionics, delivered in 1997 (known as MB-339CE). Serials from ERAF404 to ERAF409. (left photo Aermacchi, right photo Aermacchi/F. Anselmino archive)

Note modellistiche

Chi volesse realizzare un MB-339 in scala 1/72 ha una scelta quasi obbligata: Italeri. Negli anni Ottanta e Novanta anche Aeroclub, Alitaliane, PD Model e Supermodel avevano in catalogo una o più versioni dell'Addestratore Aermacchi, ma oggigiorno solo qualche appassionato collezionista ne conserva ancora qualche scatola.

Com'è prassi di molte case modellistiche, anche Italeri, per ampliare la propria gamma di prodotti, ha rilevato gli stampi commercialmente proponibili di aziende ormai scomparse, tra cui proprio il Supermodel MB-339. Veniamo al kit. Nell'ottobre 2011 Italeri ha immesso sul mercato il kit in scala 1/72 n° 1317 dedicato all'MB-339A/PAN in occasione del cinquantennale delle Frecce Tricolori, fondate il 1° luglio 1961 sull'aeroporto di Rivolto (UD). La box art presente sulla scatola è molto bella ed accattivante: rappresenta Pony 0, l'aereo del Ten. Col. Marco Lant, Comandante del 313° Gruppo dal 2010 al 2012. Sul retro della scatola, come consuetudine Italeri, troviamo lo schema di colorazione, con i riferimenti alla nuova serie Acrylic Paint del produttore bolognese.

Il foglio decal è completo e ben realizzato. Permette di riprodurre le insegne e i corretti numeri di Matricola Militare di dodici aerei della PAN, i dieci della formazione più quello del Comandante e la riserva. Le istruzioni sono semplici e chiare e rappresentano una sequenza di assemblaggio lineare, senza doversi inventare alcunché. Anche i riferimenti alle colorazioni ed al posizionamento delle decal sono adatti sia al modellista esperto che al neofita. Per fedeltà a quanto presente nella scatola realizzeremo quindi l'MB-339 PAN PONY 6; se fosse un MLU, dovrebbe avere le lime-lights (riprodotte come decal e non molto fedeli) ed è assente l'antenna del GPS posta immediatamente dietro il canopy. La discendenza Supermodel è evidente da alcuni dettagli. Il tubo di Pitot sulla sommità della deriva è caratteristico delle sole versioni C e K, le Tip Tanks ellittiche sono altrettanto tipiche delle serie iniziali della versione A e A/PAN.

La sorpresa arriva quando si apre la scatola: le due stam-

Modeler's notes

Anyone wishing to realize a 1/72 scale MB-339 has an obvious choice: Italeri. In the Eighties' and Nineties' also Aeroclub, Alitaliane, PD Model and Supermodel they offered one or more versions of Aermacchi trainer, but nowadays only a few avid collector still retains some boxes. Italeri, looking to expand its range of products, as a normal practice for many modeling works, noted the commercial viability of these MB-339 molds, belonging to a disappeared company, Supermodel. We shall now proceed with the kit. In October 2011, Italeri has marketed the 1/72 scale kit No. 1317 dedicated to the MB-339A/PAN, thus celebrating Frecce Tricolori fiftieth anniversary, established in Rivolto (UD) military airport on July 1st, 1961. The box art is very beautiful and attractive: it depicts the aircraft "Pony 0", from "Frecce" call sign, the one assigned to Lt. Col. Marco Lant, Commander of 313th Squadron from 2010 to 2012. On the back of the box, as usual for Italeri, we find the painting instructions in color, with cross references to the Acrylic Paint series, still from the same Bologna's manufacturer.

The decal sheet is complete and well done, albeit on the thin side. Allows us to correctly reproduce, for twelve different military registrations the PAN Aircrafts, ten plus the aerobatic training squadron Commander, and the reserve aircraft. The instructions are simple and clear and represent a linear assembly sequence, so we avoid inventing anything. In addition, references to colors and decal emplacement are suitable for both the novice to the experienced modeler. For fidelity to what this will achieve "from the box" we'll reproduce the MB-339 PAN PONY 6, as, if it would be a MLU variant, this should have the lime - lights (reproduced as a decal and not very faithful) and we note the absent GPS antenna located immediately behind the canopy. The Supermodel ancestry is evident from some of details, like the Pitot tube on tail's top, characteristic of the only versions C and K, and the elliptical tip tanks, that are equally

La boxart del modello Italeri.
Italeri's boxart

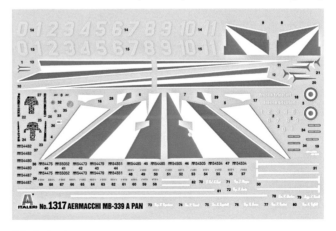

Il foglio decal.
Decal sheet

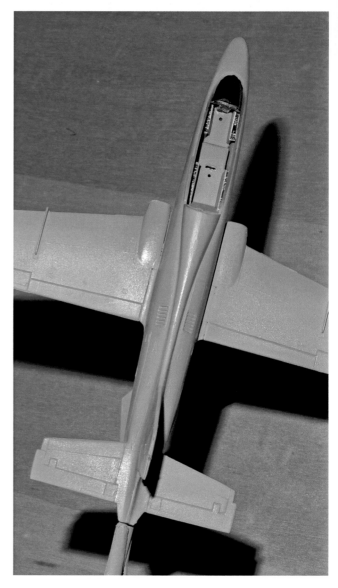

In queste due foto, l'abitacolo completato mostrante le modifiche ai seggiolini e il modello con il primer, notare l'assenza di stucco.

In these two pictures the completed cockpit with the ejection seats showing their upgrades and the primed model, note filler's absence.

pate presenti sono di colore blu, e lo stirene è molto morbido! Altro retaggio del passato, le pannellature sono parte in rilievo e parte incise per le superfici mobili. Il cockpit è composto dalla vasca abitacolo dove alloggiare i due sedili eiettabili, i due pannelli frontali e le due barre di controllo. Viste le minuscole dimensioni, i pannelli frontali e le console laterali riprodotte con decal sono più che accettabili. I seggiolini MB Mk10 saranno assottigliati nell'appoggiatesta, lo stesso sarà chiuso posteriormente con del plasticard sottilissimo, e con quest'ultimo realizzeremo i quattro rostri (due corti per il seggiolino posteriore e due lunghi per l'anteriore) molto visibili in tutte le foto. Un'accurata colorazione renderà giustizia a questo particolare importante.

Bisogna provare a secco più volte l'inserimento nelle due semifusoliere perché la parte posteriore dell'abitacolo non combacia con la fusoliera, ed è necessario intervenire con un sottile foglio di plasticard arrotondato a seguire il contorno del canopy, che colmerà il gap. Gli interni dell'abitacolo li dipingeremo con il Grigio FS36231 (esiste sia Humbrol, il 140 che Gunze, l'H317), mentre i pannelli strumenti, le console laterali ed i montanti del canopy sono in nero opaco FS37038. I serbatoi subalari si montano senza difficoltà, così come i carrelli, allog-

typical of the initial series of version A and A / PAN. The surprise comes when we open the box, as the sprues are casted in blue, and styrene is very soft! Another legacy of the past, the panels are depicted in positive and partly in negative for the control surfaces. The cockpit is made up of the cockpit tub plus the two ejection seats, the two front panels and the two control sticks. Given the small size, the front panels and side consoles reproduced with decals are more than acceptable. Martin-Baker Mk10 seats headrests would be trimmed, the same would be closed at the rear's end with thin plasticard, and with the latter we realize the four breakers (two shorts for the back seat and two longer for the front one) very visible in all the photos. Accurate painting would do justice to this important detail.

You have to try several times to dry fit the bathtub within the two half fuselages because the rear part of it does not match, and it is necessary to intervene with a thin sheet of rounded plasticard shaped to follow canopy contour, to fill out the gap. Cockpit interior paint is achieved with Gray FS36231 (we can choose both Humbrol, with #140 or Gunze H317), while the instrument panels, consoles and the canopy's frames are painted in Matt Black FS37038. After we masked the cockpit, the

giati in vani desolatamente vuoti. Il carrello principale è comunque accettabile, mentre quello anteriore è sbagliato: ha l'ammortizzatore esteso ed il compasso completamente aperto, come si presenta quando è in volo. Dopo aver tolto ben quattro millimetri, il muso risulterà ancora troppo alto!

Mascherato l'abitacolo, l'intero modello ha ricevuto uno strato sottile di primer grigio Tamiya per verificare eventuali imperfezioni, ma soprattutto come base per la successiva applicazione del Blu Scuro Lucido (denominazione A.M.); e qui l'immancabile errore Italeri: l'FS15050 (Blue Angels blue) nel catalogo Modelmaster Testors non è corretto; allora abbiamo provato l'Humbrol 15 (approssimativamente FS15056)*, il quale ci appare comunque il più simile. A terra il velivolo può apparire più chiaro, ma quando è in volo, a causa delle differenti condizioni di illuminazione, assume una tonalità decisamente più scura. Il ventre sarà dipinto con l'Humbrol 27008, la nostra scelta preferita per l'Alluminio 11 della tabella A.M. AA-M-P100/b. Le decal, pur essendo belle a vedere, purtroppo sono non molto coprenti. Completeremo il modello con le due antenne a lama di colore bianco davanti e dietro l'abitacolo, sempre realizzate con il plasticard. In conclusione, il kit ha i suoi anni e si vede, anche se avere comunque il modello delle "Frecce" è per noi ragione di orgoglio; perché non comprarne undici e realizzare una fantastica linea di volo in scala?

whole model has received a thin coat of Tamiya gray primer to check for any imperfections, but also as a basis for the subsequent application of Glossy Blue (Air Force name), and here it is the unavoidable Italeri's mistake: blue FS15050 (Blue Angels blue), as present within Testors Modelmaster catalog is not correct; then we tried Humbrol 15 (approx. FS15056), which appears to us, however, the most similar. On the ground the aircraft may appear lighter, but when they are in flight, due to the different lighting conditions, the shade takes a decidedly darker tone. Aircraft's belly would be painted with Humbrol 27008, our preferred choice for Aluminum 11 from Air Force colors table AA -M- P100 / b. The wing tanks are installed without difficulty, as well as the landing gear, housed in desolately empty vanes. The main landing gear is acceptable, while the front one is wrong: it shows the anti-shimmy compass open and the shock absorber extended, like in flight position. After removing four millimeters, it's still too long!

The decals, although beautiful to look at, unfortunately, are not covering very well. We will complete the model with the two white color blade antennas in front and behind the cockpit, still made from plasticard. In conclusion, the kit got its age and it shows, even if still own a model of the "Frecce" is for us a source of pride, why don't we buy eleven models and recreate a fantastic flight line to scale?*

Vista del ventre, che mette in risalto la magnifica livrea della PAN.
Bottom view, proudly showing National Acrobatic Team wonderful livery.

A) Blu lucido FS15056 (*)	Tabella colori - *Colors' table*	A) *Gloss Blue FS15056 (*)*
B) Bianco lucido FS17875	(*) vedi testo - see text	B) *Gloss white FS17875*
C) Grigio FS36231		C) *Gray FS36231*
D) Alluminio FS17178		D) *Aluminum FS17178*
E) Nero semilucido FS27038		E) *Semigloss black FS27038*

Modello Italeri scala 1/72 numero catalogo 1317
Pieghevole istruzioni 8 pagine
47 pezzi
Rapporto qualità / prezzo ★★☆☆☆
Facilità di montaggio ★★★☆☆

Italeri kit 1/72 catalogue number 1317
Fold-out instructions booklet 8 pages
47 parts
Price vs. quality rating ★★☆☆☆
Assembly rating ★★★☆☆

Legenda posto di pilotaggio MB-339A

A)	Quadretto armamento
B)	Posizione aerofreno
C)	Posizione flap
D)	Orologio
E)	Indicatore angolo d'attacco
F)	Anemometro
G)	Collimatore
H)	Indicatore d'assetto

Front cockpit layout MB-339A

A)	*Weapons panel*
B)	*Speedbrake position*
C)	*Flaps indicator*
D)	*Clock*
E)	*AOA indicator*
F)	*ASI*
G)	*Gyrosight*
H)	*Attitude indicatore*

I)	Altimetro	I)	Altimeter
J)	Altimetro codificatore	J)	Encoder altimeter
K)	Percentuale giri motore	K)	Engine rev (percent)
L)	Temperatura gas di scarico	L)	EGT
M)	Flussometro	M)	Fuel flow
N)	Pressione olio	N)	Oil pressure
O)	Indicatore carburante	O)	Fuel level
P)	Altimetro cabina	P)	Cockpit altitude
Q)	Bussola magnetica	Q)	Magnetic compass
R)	Amperometri	R)	Ammeter
S)	Pannello illuminazione	S)	Lighting controls
T)	Condizionamento aria	T)	Air conditioning
U)	UHF Militare	U)	UHF Military frequencies
V)	Pannello TACAN	V)	TACAN panel
W)	Pannello RNAV	W)	RNAV panel
X)	Pannello avvisi	X)	Annunciator panel
Y)	Barra di comando	Y)	Control stick
Z)	Pedaliera	Z)	Pedals
AA)	Marker	AA)	Marker
AB)	IFF	AB)	IFF
AC)	Pannello Flight Director	AC)	Flight Director panel
AD)	Accellerometro	AD)	G-meter
AE)	Leva carrello	AE)	Landing gear lever
AF)	Starter motore	AF)	Engine starter button
AG)	Manetta	AG)	Throttle
AH)	Comandi combustibile	AH)	Fuel controls
AI)	Pannelli VHF/UHF	AI)	VHF/UHF panels
AL)	Pannello AHRS	AL)	AHRS panel

Legenda posto di pilotaggio posteriore MB-339A
Le principali differenze sono le seguenti:

A)	Accelerometro e indicatore AOA spostati a destra
B)	Assenza quadro comando motore
C)	Assenza quadro AHRS
D)	Assenza quadro IFF
E)	Assenza comandi condizionamento
F)	Assenza quadro illuminazione

Rear cockpit layout MB-339A
Main differences are the following:

A)	G-meter and AOA indicator moved to right side
B)	Missing engine starter panel
C)	Missing AHRS
D)	Missing IFF controls
E)	Missing air conditioning controls
F)	Missing lighting controls

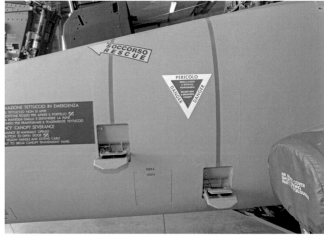

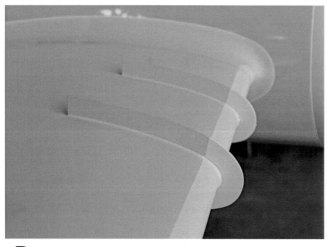

Dati tecnici / *Technical data*

	MB-339A	MB-339CD
Lunghezza – Length	10,97 m (36.16 ft)	11,24 m (37.05 ft)
Altezza – Height	3,99 m (13.15 ft)	3,99 m (13.15 ft)
Aperture alare – Wing Span	10,86 m (serbatoi ellittici/ Elliptical Wing Tip Tanks)	11,22 m (serbatoi cilindrici/ Cylindrical Wing Tip Tanks)
Superficie alare – Wing Area	19,30 m2 (208 Sq. ft)	19,30 m2 (208 Sq. ft)
Peso Massimo al decollo/atterraggio – MTOW (Maximum Takeoff Weight)/MLW (Maximum Landing Weight)	5.900 kg (13,000 lbs)	6.350 kg (14,000 lbs)
Peso base operativo – BOW (Base Operating Weight)	3.140 kg (6,920 lbs)	3.340 kg (7,360 lbs)
Motore – Engine	RR Viper 632-43	RR Viper 632-43
Spinta statica al livello del mare – Static Thrust at Sea Level	1.816 kg (4,000 lbs)	1.816 kg (4,000 lbs)
Tangenza pratica – Service Ceiling	47,500 ft (14.410 m)	45,000 ft (13.650 m)
Velocità massima Flap T/O – VFE T/O (Max Speed T/O Flaps Extended)	175 kts (325 km/h)	175 kts (325 km/h)
Velocità massima Flap LD – VFE LD (Max Speed LD Flaps Extended)	150 kts (280 km/h)	150 kts (280 km/h)
Velocità massima da non superare – (VNE) Speed Never Exceed	500 kts (930 km/h)	500 kts (930 km/h)
Mach massimo operativo – (MMO) Maximum Operating Mach	0,82 M	0,82 M
Massima autonomia kilometrica (1) – Max Range	950 NM (1.760 km)	1,120 NM (2.070 km)
Massima aut. Kilometrica trasferimento (2) – Max Ferry Range	1,140 NM (2.110 km)	1,100 NM (2.040 km)

(1)   2 piloti + carburante interno (2 pilots + internal fuel)
(2)   2 piloti + carburante interno + serbatoi subalari (2 pilots + internal fuel + pylon fuel tanks)

Il patch in plastica incisa ddell'MB-339. (collezione F. Anselmino)
MB-339 atched plastic patch. (F. Anselmino collection)

Matricole Militari / *Serials*

MM588	primo prototipo, immatricolazione civile I-NOVE first prototype, civil registration I-NOVE
MM589	secondo prototipo, immatricolazione civile I-NINE, poi I-MABX/G-1-4 second prototype, civil registration I-NINE, later I-MABX/G-1-4
MM54401	poi ricodificata come MM54438 - velivolo usato per un breve periodo come dimostratore con immatricolazione civile I-NEUF aircraft briefly used as demonstrator with civilian registration I-NEUF, later recoded MM54438
MM54402	poi ricodificata come MM54439 later recoded MM54439
da MM54438 a MM54518	MB-339A, RM, A/PAN la MM54443 ha utilizzato anche le marche civili I-NEUN (Salone Le Bourget del 1981) e I-TOCA (Salone di Le Bourget del 1983) MM54443 also used civil registration I-NEUN (1981 Le Bourget airshow) and I-TOCA (1983 Le Bourget airshow) la MM54502 ha utilizzato anche le marche civili I-GROW MM54502 also used civil registration I-GROW la MM54480 è stata modificata nel dimostratore dell'MB-339A/MLU MM54480 modified as MB-339A/MLU demonstrator
da MM54533 a MM54552	MB-339A, A/PAN la MM54554, già adattata per lancio missile Oto Melara Marte Mk.2A, è diventata il dimostratore dell' MB-339CD con immatricolazione X606 MM54554 used for Oto Melara Marte Mk.2A anti-ship missile trials, later modified as MB-339CD demonstrator with registration X606
da/from MM55052 a/to MM55055	MB-339A, A/PAN
da/from MM55058 a/to MM55059	MB-339A, A/PAN
da/from MM55062 a/to MM55091	MB-339CD (CD1 e CD2)
da/from CSX55136 a/to CSX55143	MB-339CM a Malesia con matricole da M34-14 a M34-12 to Malaysia with serials from M34-14 to M34-21